생각이 터지는 교실 드라마

생각이 터지는 교실 드라마

과정드라마로 놀고 느끼며 사유하고 배우기

김주연

연극과인간

머리말

　지금으로부터 17년 전, 1999년 가을, 버밍엄의 교육연극 석사학위 과정에서 처음 접한 과정드라마는 충격적이었다. 감정, 정서, 생각, 몸, 움직임 등등 '나'라고 부를 수 있는 것들을 소환하여, 드라마에 참여하는 다른 참가자들과 함께, 이를 심리적, 사회적, 정치적, 철학적으로 해석하도록 만들었다. 이런 과정의 과정드라마는 내게 공부가 무엇인지, 예술이 무엇인지 충격적으로 느끼게 해주었다. 그 이전 서울에서 접했던 수많은 연극을 관람할 때도 느끼지 못했던 미적 체험과 인지적 깨달음을 주었다.

　'교육연극'에 대한 학문적 여정은, 초등학교 교사로서 아이들을 어떻게 좀더 학습에 적극적으로 참여하도록 만들까하는 고민에서 시작되었다. 그런데 교육을 위한 연극의 활용이라는 애초의 관심사는 '과정드라마'를 접하면서 변화를 겪게 된다. 과정드라마가 지니는 예술적, 그리고 교육적인 힘의 정체가 무엇인지 궁금해진 것이다. 과정드라마는 교육적이기도 하였으나 예술적이었다. 도대체 '과정드라마'가 어떤 종류의 것이며, 왜 이런 힘을 지니는지, 그리고 어떻게 지금과 같은 형태로 자리잡게 되었는지 알고 싶어졌다. 이러한 질문들에 대한 탐구는 석사 과정과 박사 과정을 거쳐 지금까지 이어졌고 마침내 한 권의 책으로 정리하게 되었다.

지난 100여 년 동안 지속된 근대식 학교 체제는 이성 중심적 접근으로 감정, 정서, 신체 등을 교실 밖으로 추방했다. 그리하여 우리의 교실 풍경은 건조하고 메마르다. 그런데 지구 반대편 영국의 교실에서 접했던 과정드라마는 이렇게 교실 밖으로 추방되었던 감정, 정서, 신체를 중심에 세우고 이를 이성과 조우하게 만들고 있었다. 건조한 교실에 미풍을 불어 넣고 있었다. 교실을 향기롭고 즐거운 곳으로 만들고 있었다. 이 미풍을 한국의 교실에도 불게 하고 싶었다.

　　더불어 과정드라마는 교과서에 활자로 정리되어 평면적으로 읽히는 이론들을 '지금, 여기'의 문제로 가져오고 있었다. 가상의 허구세계를 세워, 살아보게 하면서 교과서의 내용들을 바로 지금 여기의 문제로 만들어 버리고 있었다. 그리하여 학창시절 박제화된 채 내게 전달되었던 교과서 속의 이론들은 '지금, 여기'의 삶에 영향을 미치는 생생한 모습으로 입체적으로 다가왔다. 삶과 이론들 사이의 관계에 대한 인식은 배움의 기쁨을 주었다. 배우면서 기쁘고 즐거웠다. 학생들이 이런 기분을 느끼면 얼마나 좋을까 생각했다.

　　이런 바람들이 쌓여 과정드라마를 한권의 책으로 정리하게 되었다.

　　과정드라마는 영국의 지난 100여 년의 교육연극의 역사가 응축되어 구현된 결정체이다. 그리하여 교육연극 초보자들이 접근하기에 다소 어려울 수 있다. 그래서 초보자들에게는 처음부터 과정드라마 전 과정을 실행하기보다 접근할 수 있는 부분들을 단편적으로 시도해보기를 권한다. 그리고 또한 본문에서 제시한 여러 과정드라마들을 사용할 때도, 만나는 참가자들에 따라 다르게 변형할 것을 권한다. 실행하면서 질문이 생기면, 저자의 메일로 언제라도 문의하기를 바란다.(koreanghost@gmail.com)

　　이 책이 교실 혹은 여러 종류의 공동체를 살아있는 배움의 장, 미적 체험의 장으로 만들고자 애쓰시는 교사, 연극교사, 그리고 참가자들에게 도움이 되기를 희망한다.

이 책이 나오기까지 함께 실행하면서 토론했던 서울교육대학교 교육연극과 대학원생들, 전주교육대학교 교육연극과 대학원생들, 경기대학교 연극교육과 대학원생들, 인하대학교 문화예술사 수강생들, 아트페다고지 수강생들께 고마움을 전한다. 그리고 25년 넘게 교육연극의 현장에서 격려를 아끼지 않으시는 오판진 선생님을 비롯한 소꿉놀이 선생님들께도 감사의 마음을 전한다. 책 제목을 짓는 데 많은 아이디어를 보태주신 정지은, 노유나, 홍서연, 구민정 선생님께 감사드린다. 현장의 교사들, 아이들과 만날 수 있는 자리를 만들어 주신 (故)황정현 교수님, 엄해영 교수님, 김용재 교수님, 남상식 교수님, 김병주 교수님, 이시원 선생님, 임지선 선생님께도 감사의 말씀을 전한다. 또한 출판을 흔쾌히 승낙해 주신 도서출판 연극과인간 박성복 대표님께도 고맙다는 인사를 드린다.

엄마가 과정드라마 연구하느라 집을 비운 사이, 스스로 자신들만의 드라마를 진행했던 두 아이 석빈, 석우에게도 사랑을 전한다. 그리고 자신의 모든 것을 아낌없이 기꺼이 주셨던 은사님 데이비스(Davis) 선생님께 진심으로 고마움을 전한다.

2016년 5월
김 주 연

차 례

Ⅰ. 과정드라마[1]와 학습

1. 어느 초등학교에서의 과정드라마[2]

종이 울리자 아이들은 반원으로 둘러앉는다. 초등학교 6학년 교실
이다.

25명의 아이들이 앉아 있다. 책상, 의자는 쉬는 시간에 미리 교실

---

1 Dice, http://www.dramanetwork.eu/educational_drama.html(2015.11.2)
  12개국이 참가한 EU 프로젝트인 **DICE(Drama Improves Lisbon Key Competences
  in Education)**는 연극(theatre)과 드라마(drama)를 다음과 같이 구분한다.

  연극(theatre) — 배우가 공연을 수혜자인 관객에게 보여준다 (A (the actor/enactor)
        plays B (the role/performance) to C (the audience) who is the
        beneficiary.)
  드라마(drama) — 배우가 지각하는 과정에서 참여와 관찰을 통해 동시에 역할도
        수행하고 관객도 된다. (A (the actor/enactor) is simultaneously
        B (role) and C (audience,) through participation and
        observation, in a process of percipience (a process of both
        observing and participating).)

  드라마라는 용어는 국내에서 일반적으로 TV드라마를 일컫는다. 그러나 영어권
  국가에서 드라마(drama)는 연극(theatre), 공연(performance)과 같은 맥락에서
  논의되고 있다. 본 글에서는 이러한 맥락에 따라 DICE의 드라마와 연극의 정의
  를 받아들여, 연극이라는 용어 대신 드라마라는 용어를 사용한다.
2 필자는 2014년 9월 경기도 화성시 도이초등학교에서 도서 『배낭을 멘 노인』을
  소재로 과정드라마를 진행하였다.

벽 쪽으로 최대한 밀어놓았다. 교사가 교실로 들어온다. 교사는 편안한 복장의 티셔츠와 바지를 입고 있다. 학생들과 인사를 나눈 후, 이번 수업시간에 어떻게 말하고 행동해야 하는지 약속을 정하자고 말한다.

"이번 수업에 선생님과 여러분은 드라마를 할 거예요. 드라마를 하려면 몇 가지 약속을 해야 해요. 가장 중요한 약속은 믿어주기예요. 선생님과 여러분이 다른 사람 역할을 할 때, 그런 것처럼 믿어주셔야 해요. 또한 교실이 다른 장소가 되는 것도 믿어주셔야 해요. 드라마 시작에서 끝까지 이 약속을 잘 지켜주신다면 우리는 아주 재미있는 드라마를 만들 수 있어요. 또한 드라마를 하려면 자신이 느끼고 생각하는 것을 최대한 밖으로 드러내야 해요. 그러니까 이번 수업시간에는 자신이 느끼고 생각하는 것을 거리낌 없이 몸짓과 소리와 표정으로 밖으로 드러내세요. 그리고 다른 사람이 표현할 때 놀리지 마세요. 웃기다거나 이상하다고 손가락질하지 마세요. 그렇게 되면 표현하려는 친구들이 창피해져서 더 이상 하고 싶은 마음이 사라집니다. 한 가지 더, 두 사람 이상이 함께 활동하거나 이야기 나눌 때, 상대방이 말할 때 주의 깊게 듣고, 내가 말할 때에도 생각하고 말합니다. 다른 사람의 말을 함부로 무시하거나 혹은 다른 사람이 듣고 있는데서 아무 말이나 하지 않기로 해요. 두 명 이상 모둠으로 활동할 때는 서로서로 돕도록 노력하세요."

교사가 이러한 약속을 지킬 수 있는지 학생들에게 묻는다. 학생들은 기대에 찬 표정으로 예라고 대답한다.

교사는 본격적인 드라마를 하기 전에 '쥐와 고양이'라는 연극놀이를 해보자고 한다. 연극놀이 하는 방법을 설명한다.

"두 명씩 짝을 지어 교실 빈 공간 여기저기에 가만히 기둥처럼 서 있구요. 그러면 쥐와 고양이가 된 친구들이 사이사이 지나다닐 거예요. 쥐는 도망을 가고 고양이는 쥐를 잡으러 가는 거예요. 이때 쥐가 잡힐 것 같으면 가만히 서 있는 기둥 역할을 하는 두 사람 중 한 사람의 손을 아무나 잡으세요. 그러면 그 기둥의 손이 잡히지 않는 나머지 한 사람이 쥐가 돼서 도망을 갑니다. 쥐가 고양이에게 잡히면 쥐는 고양이가 되고 고양이는 쥐가 됩니다."

이 연극놀이의 묘미는 쥐가 서 있는 사람들의 손을 잡으면서 쥐가 계속적으로 바뀌어, 고양이를 교란시키는 것에 있다. 이러한 장면들이 많이 연출될수록 학생들은 즐거워한다. 쥐와 고양이를 하는 학생들이 자연스럽게 움직이고, 기둥 역할을 하는 학생들이 그에 맞게 반응하면, 쥐와 고양이 놀이는 아주 재미있어진다.

그런데 언뜻 간단해 보이는 이 놀이가 실은 잘 이뤄지지 않는다. 도망가는 쥐 역할을 맡은 아이가 계속해서 쥐 역할을 독점한다던가, 가만히 서 있어야 할 기둥들이 마구 움직인다든가, 심지어 지나가는 쥐의 발을 기둥들이 걸어 넘어뜨린다던가 하는 상황이 종종 발생한다. 그래서 신나고 재미있어야 할 놀이가 다투거나 우는 것으로 끝나는 경우가 많다.

아주 간단해 보이는 활동이지만, '쥐와 고양이' 연극놀이는 학급 구성원들의 자율성을 측정할 수 있 는 리트머스 종이다. 평소 자율성의 원리에 따라 학급 경영이 이뤄진 학급은 규칙, 즉 약속들이 무엇을 의미하는지 알고, 놀이의 참 재미가 규칙으로부터 나온다는 것을 안다. 그러나 평소 자율성을 경험해볼 기회가 없었던 학생들은 다른 사람의 말을 경청하지 못하고 기본적인 협력을 하지 못한다. 너무도 자유스러워 규율이 없는 어지러움이 익숙한 학생들에게 혹은 규율을 지나치게 강조해 억압스러운 분위기에 물들은 학생들에게 자율적으로 듣고 말하고 돕는 것은 매우 어려운 일이다.

'쥐와 고양이' 연극놀이가 신나게 진행되지 않을 경우, 다시 학생들을 앉히고 규칙의 중요성을 환기시킨다.

"이 놀이는 아주 신나는 놀이인데 신나지 않네요. 이 놀이를 신나게 만들어 줄 수 있는 약속 몇 가지를 해요. 먼저 규칙이나 활동에 대한 설명을 할 때 선생님 말씀을 주의 깊게 들으세요. 그리고 규칙을 지키도록 노력하세요. 이것이 놀이를 하기 위한 최소한의 약속입니다. 규칙이 잘 지켜져야 놀이도 재미있습니다."

말로 정했던 규칙의 중요성을 연극놀이를 통해 체험해 보았기 때문에 학생들은 드라마 수업에 있어 약속의 중요성을 더 깊게 알게 된다. 연극놀이는 드라마 수업에서 수업 시작 초반부에 일반적으로 사용된다. 이때 연극놀이는 두 가지 기능을 한다. 학생들의 자율성과 협동심을 가늠해볼 수 있으며, 표현 활동에 낯선 학생들을 드라마 활동에 친근하게 접근할 수 있도록 돕는다.

연극놀이를 마친 후 학생들은 다시 반원으로 앉는다.

그리고 교사는 드라마와 관련해 약속했던 것들을 상기시킨다. '믿어주기'에 관해 다시 한번 말한다. 드라마 안에서 우리는 다른 세계의 다른 사람들인 것처럼 말하고 행동하게 되는데, 이를 서로 믿어줘야 한다고 말한다. 마찬가지로 교실 앞의 빈 공간에서 교사가 다른 사람인 것처럼 말하고 행동할 때, 선생님이 아닌 그 사람인 것처럼 믿고 대할 것을 부탁한다. '믿어주기' 약속에 대한 상기는 이 공간에서 드라마라는 양식이 시작됨을 알리는 신호이자 드라마가 이러한 약속 위에서 이루어진다는 점을 다시 한번 각인시킨다. 드라마의 '믿어주기' 약속에 대해 이렇게 반복적으로 환기시키는 것은 드라마 수업이 다른 보통의 수업과 '교수 학습 방법' 측면에서 문화적으로 매우 다른 접근방식을 취하기 때문이다.

드라마적 약속에 대한 안내가 끝나면 교사는 본격적으로 과정드라마를 시작한다.

"이 마을 저 마을을 떠돌아다니는 노인이 있었어요. 그런데 이 노인이 여러분이 사는 마을에도 왔어요. 자 선생님이 문밖에 나갔다가 다시 들어올 때 그 노인이 되어 있을 거예요."

교사는 문밖으로 나간다. 아이들은 호기심어린 눈빛으로 문 쪽을 바라본다.

교사는 문밖에서 무거운 배낭을 메고 온몸을 감싸는 얇은 검은 천을 머리부터 온몸에 두른다. 살짝 얼굴만 비칠 정도이다. 교사가 문을 열고 들어간다.

무거운 배낭으로 인해 허리는 잔뜩 구부러져 있고, 발걸음은 무척 무겁다. 한 발 한 발 옮기는 것이 힘겨울 정도로 발걸음을 옮겨 교실 중간까지 걸어간다. 그 후 먼 산과 마을 풍경을 본 후 다시 문 쪽으로 무거운 발걸음을 옮긴다.

문을 천천히 열고 문밖으로 나간다. 문밖에서 교사는 의상과 소품을 벗고 다시 교실 안으로 들어간다.

교사가 교실로 들어가자, 학생들은 소리를 내며 웃는다.

교사는 학생들에게 노인이 어떻게 보이냐고 묻는다. 학생들은 힘들

어 보이고 가방이 매우 무거워 보인다고 대답한다. 교사는 학생들에게
배낭에 무엇이 들어 있는지 모둠별로 의논한 뒤 보여 달라고 말한다.
보통 한 모둠은 4명으로 구성된다. 다 함께 하나의 장면을 만들어
하나의 물건을 보여주어도 되고, 모둠원들이 생각이 다르면 각자가
생각하는 물건을 보여주어도 된다고 말한다. 그 물건으로 노인이 무엇
을 하는지, 그 하는 장면을 정지장면으로 보여 달라고 말한다.

　모둠별로 5분 정도 협의할 시간을 준다.

5분 후 모둠별로 보여준다. 어떤 모둠은 침낭을 펴는 모습, 코펠로 밥하는 모습, 구걸하는 모습, 옷 입는 모습 등 다양한 모습을 보여준다. 주로 여기저기 떠돌아다니는 사람들이 지녔을법한 옷가지, 그릇, 침낭, 거리공연을 위한 악기나 카드, 혹은 가족사진 등을 정지 장면으로 보여준다.

모둠별 발표가 끝난 후 교사는 다음과 같이 말한다.

"그런데 이렇게 마을에서 돌아다니던 노인이 어느 날 이 마을의 식당에 가게 되요. 우연히 여러분도 그 모습을 보게 되었어요. 자, 마을 식당에서 노인이 어떤 행동을 하는지 자세히 보세요. 그리고 식당 밖으로 나와서 무엇을 하는지도 자세히 보세요."

그리고 교사는 다시 문을 열고 나간다.

배낭을 메고 검은 천으로 두른 뒤 다시 교실로 들어가 노인 연기를 시작한다.

발을 무겁게 옮기며 교실 가운데쯤 들어갔을 때 자리에 앉으며 가상의 종업원에게 "밥 한 공기 주시오."라고 말한다. 그리고는 가상의 종업원이 상을 차렸을 때 "고맙소."라고 말하며 수저를 든다. 수저를

들다가 "뭐라고 배낭을 들어주겠다고? 안 돼요! 배낭은 안 돼요!" "아, 글쎄, 배낭 걱정은 마시오." 노인은 갑자기 수저를 내려놓고 자리에 일어나 식당을 나온다.

"여기도 마음 놓고 있을 곳이 없어. 저기… 저기에 가야겠어." 하며 후미진 구석으로 걸어가 자리에 눕는다. 노인은 배낭을 멘 채로 눕는다. 한참을 누워 있던 노인은 천천히 일어나 문을 열고 나간다. 노인은 배낭을 내려놓지 않는다.

배낭과 검은 천을 벗은 교사는 다시 교실로 들어간다.

"자, 여러분. 어떤 일이 벌어졌나요?" 학생들은 종업원이 배낭을 들어준다고 하자 이를 완강히 거부하고, 먹을 때도 잘 때도 배낭을 메고 잔다고 답한다.

교사는 "그렇다면 과연 노인의 배낭에는 무엇이 들어 있을까요?"라고 질문을 한다.

모둠별로 어떤 물건이 들어 있을지 의논하여 정한 뒤, 그 물건을 어떻게 얻게 되었는지 그 취득 과정을 움직이는 장면으로 보여 달라고 말한다. 아이들은 완강히 배낭 내려놓기를 거부하는 노인의 행위에서 불길한 기호를 읽었다. 대부분의 경우, 아이들은 자신들이 영화

나 텔레비전에서 봤던 장면들을 보여준다. 그 배낭 안에 훔친 값나가는 물건이나 사람들에게 보여줄 수 없는 시신 같은 것이 있을 것이라고 말한다. 그리하여 움직이는 장면들은 금은방에서 보석을 훔치는 장면, 은행에서 돈을 훔치는 장면, 사람을 납치하는 장면 등이 주를 이룬다.

장면 발표 이후 교사는 마지막으로 학생들에게,

"그런데 어느 날 여러분이 마을 공터에서 놀고 있을 때 이 노인이 나타나요. 그리고는 여러분 한 명 한 명에게 다가갑니다. 여러분 한 명 한 명에게 이 노인이 다가갈 때, 여러분은 여러분이 하고 싶으신 대로 하세요. 피하셔도 돼구요. 악수하셔도 돼구요. 단, 손이나 발로 치고 싶을 때는 흉내만 내도록 하세요."

교사는 교실 문 밖으로 나가 노인으로 변해 다시 교실로 들어온다. 학생 한 명 한 명에게 다가가 천천히 손을 내민다. 대부분의 아이들은 무섭다며 멀리 가거나 다른 아이 등으로 숨는다. 손으로 치는 움직임을 취하는 아이들도 있다. 어떤 아이들은 악수를 하기도 하나 엉덩이를 뒤로 뺀다.

교사는 교실 밖으로 나가 다시 의상을 벗고 교실로 들어온다.

"노인이 손을 내밀었을 때 기분이 어땠어요?"

무섭다는 아이들이 대부분이었고 도망가고 싶다거나 불쌍해서 안 아주고 싶었다는 말도 있었다.

"그런데 어느 날 그 노인이 배낭만 덩그러니 남겨둔 채 사라졌어요."

"자 이제 그 배낭에 무엇이 들었는지 볼 수 있는 아주 좋은 기회입 니다. 노인이 돌아오기 전에 배낭에 무엇이 들어 있는지 살짝 한번 엿보아요."

　문 밖에 있던 배낭을 질질 끌고 들어온다.

　이때쯤 되면 교실은 쥐죽은듯이 조용하다.

　배낭 안에 무엇이 들어 있을지, 자신들이 예측한 것이 들어맞을지 기대하는 학생들은 호기심 어린 눈빛으로 배낭을 쳐다본다. 배낭 안을 들여다보기 위해 배낭 쪽으로 점점 다가오는 학생들에게 좀더 멀리 물러나도록 부탁한 뒤 교사는 배낭을 연다. 그리고 손을 집어넣어 마침내 배낭 안에 있는 것을 꺼낸다.

　돌이다.

　커다란 돌이다.

　아이들은 깜짝 놀란다.

　다른 것도 들어 있을지 모르니 꺼내보라고 말한다.

　교사가 다시 손을 넣어 꺼낸다.

　또다시 돌이 나온다.

교사는 다시 손을 넣어 꺼내는데, 이번에도 역시 돌이다.

배낭 안을 들여다본 교사는 "온통 돌이에요, 돌뿐이에요."라고 말한다.

학생들은 운석이거나 화석일 거라고 말한다. 뭔가 값진 것이지 그냥 평범한 돌을 배낭에 무겁게 넣고 다닐 이유가 없다고 말한다. 운석이나 화석이라고 말한 학생들을 앞으로 나오게 한 뒤 눈으로 확인하게 한다. 그저 평범한 돌임을 확인하고 들어간다.

　학생들은 자신들의 예측이 빗나갔음을 확인한다.

　금은보화 같은 값진 것도, 시신이나 칼 같은 무시무시한 것들도
아닌, 그저 평범한 돌로 가득 차 있다.

　그런데 왜 노인은 배낭에 무거운 돌을 잔뜩 넣고 다녔을까? 돌들
을 보자 학생들이 이구동성으로 묻는다. 이 순간 학생들은 자신들이
알고 있는 모든 이야기들을 동원하여 상상하기 시작한다.

　교사는 계속해서 다음과 같이 말한다.

　"그런데 몇 시간 후, 사람들은 노인을 발견하게 됩니다. 새들이 날
아다니는 높이만큼의 하늘에서 노인을 발견합니다."

　교실 허공에 검은 옷을 입은 노인 인형이 떠다닌다. 교사가 인형
을 조종한다.

　노인은 교실 허공을 떠다닌다.

　교사가 학생들에게 묻는다. "할아버지가 뭐 하고 있어요?"

　"날아다니고 있어요." 학생들이 대답한다.

　"네에, 눈을 감은 채 날아다니고 있어요. 아마도 돌아가신 것 같아
요. 주무실 때도 배낭을 놓지 않으신 분인데, 배낭도 없이 눈을 감으

신 걸 보니 돌아가신 것 같아요."

"할아버지는 원래 날아다니시는 분인가 봐요."

"할아버지는 왜 배낭 안에 무거운 돌을 지니고, 한시도 떼어놓지 않았을까요?"

학생들은 날지 않기 위해서 무거운 돌을 배낭 안에 넣고 항상 메고 다니신 것 같다고 말한다.

그러자 한 아이가 묻는다.

"어, 슈퍼맨처럼 날아다니면 좋은데, 꿈속에서 막 날아다니면 기분이 엄청 좋은데…"

교사가 말한다. "맞아요. 비행기를 만들 정도로 사람들은 몹시 날고 싶어 하잖아요. 그러니까 마음대로 날아다닐 수 있었던 할아버지는 참 좋았을 것 같은데, 왜 무거운 배낭을 메고 다니게 되었을까요?"

한동안 침묵이 흐른다. 이때 침묵을 깨고 한 여학생이 대답한다. "사람들과 친구가 하고 싶어서 그런 것 같아요. 날아다니면 외롭고 사람들과 함께 지낼 수 없잖아요."

"네에, 그게 가장 큰 이유인 거 같아요. 다른 이유들도 있었겠지만 사람들과 어울리고 싶은 게 가장 큰 이유였을 거 같아요. 그래서 다른 사람들처럼 땅에 발붙이고 걸을 수 있게 무거운 배낭을 항상 메고 있었던 것 같아요."

"그러면, 아까 노인이 여러분에게 다가가 손을 내민 것은 무엇 때문이었을까요?"

아이들은 한동안 말을 잇지 못한다. 노인이 왜 자신들에게 다가왔었는지 이유가 명백했기 때문이다. 왜 그랬지 하는 말들이 여기저기서 터져 나온다

"노인은 친구를 만들고 싶어서 여러분에게 손을 내밀었던 거 같아요."

"그런데 아까 그 노인이 여러분 한 명 한 명한테 가서 손을 내밀었을 때 여러분은 어떻게 했나요?"

아이들은 말을 쉽게 꺼내지 못한다.

"왜, 손을 잡지 못하고 피했나요?"

"무서웠어요." "겉모습이 달라서요." "겉모습이 다르고 행동이 달라서 이상한 사람으로 보였어요."

"노인은 실제로는 무섭고 이상한 사람이 아니었는데, 그런 생각을 했네요."

학생들은 이 드라마를 통해 자신도 모르게 자신이 편견을 지니고 있었음을 발견하게 된다. 편견은 내가 원하지 않았음에도, 내 안에 들어와 있는 어떤 것이라는 사실을 발견하게 된다. 또한 그러한 편견이 공동체 내에서 어떻게 작동하는지도 보게 된다. 더불어 왜 이러한 편견을 내가 지니고 있는 것일까? 하는 의문 또한 갖게 된다. 드라마를 통해 편견과 관련한 여러 가지 의미들을 구성할 수 있고

또한 새로운 의미 구성을 위한 질문을 생산할 수 있게 되는 것이다.

지금까지 소개한 〈배낭을 멘 노인〉³ 드라마는 '과정드라마'라고 불린다. 〈배낭을 멘 노인〉은 교실에서 과정드라마가 어떻게 전개되는지 집약적으로 보여준다. 참가자들을 낯선 허구세계로 초대하여, 그들이 느끼고 생각하는 것을 꺼내놓도록 요구하고, 이를 새롭게 바라보도록 하면서, 확장된 의미를 구성하도록 요구한다. 과정드라마로 진행되는 수업은 흥미롭고 재미있다. 그러면서도 인지적이다. 정서와 감정이 반응한다고 느끼는 순간 어느덧 생각과 의미의 세계로 넘어가 있다. 정서, 느낌, 감정, 의미, 사고, 행위 등이 복합적으로 얽혀 있다. 그러나 한편 매우 낯설게 느껴진다. 연극은 보통 공연의 형태로 교실에서 학생들과 만났다. 그런데 〈배낭을 멘 노인〉 드라마는 '편견'을 다루는 학습을 위해 교실로 들어왔다. 과연 과정드라마는 교실의 학습이 될 수 있을까?

뒤이은 장에서 이 질문을 탐색하고자 한다.

2. 학습에 대한 이론들

1장에서 소개된 〈배낭을 멘 노인〉 과정드라마는 '편견'에 관한 주제로 전개되었다. 일반적으로, '편견'과 관련한 수업이라면, 교사는 '편견을 갖지 말자'라는 말을 도덕 훈화처럼 말하고, 왜 편견을 갖지 말아야 하는지 발표하게 하면서, 언어적 설명이나 지시로 간단하게 마무리한다. 그런데 이렇게 간단하게 접근할 수 있는 수업을 복잡한 장치를 끌어와 과정드라마 수업을 하는 이유는 무엇일까?

---

3 박현경·김운기, 『배낭을 멘 노인』, 서울: 문공사, 2005.

일반인들에게 매우 낯설어 보이는 이 수업이 어떻게 교실에서 학습으로 받아들여지는 것일까?

이에 대한 대답은 학습과 관련한 여러 가지 이론을 통해 설명될 수 있다.

학습이란 학습자가 무엇인가를 배운다는 의미이다. 그렇다면 어떤 경우에 배웠다. 즉 '학습했다'라고 말하는가?

행위에 변화가 일어났을 때 무언가 배웠다고 말하는 경우가 있다. 인기리에 방영 중인 병영 체험 TV 프로그램은 외부로 드러나는 행위의 변화를 학습으로 부르는 모습을 종종 보여준다. 큰 소리로 이름 말하기, 제 시간에 일어나기, 높은 곳에서 낙하하기 등등. 이러한 예는 학교나 가정에서도 종종 찾아볼 수 있다. 어른에게 인사하기, 오른쪽으로 걸어가기 등등, 행위의 목표 지점으로 학습자가 행위를 변화시켰을 때 우리는 학습자가 배웠다고 말한다.

그런데 학습에 관한 이러한 관점은 여러 상황에서 공통점을 발견하는 추상화나, 하나의 개념을 다른 곳에 적용하는 전이와 같은 고차원적 사고의 변화를 설명하지 못한다. 새로운 어휘, 새로운 외국어, 새로운 정보 등을 주변 상황, 매체 등을 통해 습득하여 적용할 때 우리는 그가 새로운 것을 배웠다고 말한다. 즉 학습자가 지니고 있는 지식에 변화가 왔을 때 '배웠다'는 말을 사용한다. 이때의 학습은 앞서 설명한 행위의 변화로 지칭되는 학습과 차이를 보인다. 그래서 새로운 지식을 처리하고 축적, 적용할 때 일어나는 사고의 확장을 설명할 수 있는 학습에 대한 새로운 이론이 필요하게 된다. 전자의 학습이 외부로 드러나는 변화를 강조한 반면, 후자의 학습은 학습자의 내적 사고 활동을 중요시한다. 또한 전자가 외부로부터 오는 자극이 외부의 변화에 어떤 영향을 미치는가를 중요하게 보는 반면, 후자는 학습자가 내부에서 이 자극을 어떻게 처리하는가를 강조한다. 즉 학습자가 어떻게 받아들이고, 해석하고, 변형하고, 실험하고, 축적하고, 재생하는가 하는 학습자의 몫이 중요한 부분으로 취급된다. 2×3=6이라는 곱셈을 배울 때, 2×3이 얼마인가라는 질문에 6이라고 대답할 때, 이를 기계적으로 반복 암기하여 6이라고 말하는 것과 원리를 터득하여 사고 과정을 거쳐 6이라고 말하는 것은 다르다. 반복적으로 연습해서 습관처럼 답이 나오는 경우가 첫 번째, 즉 행위의 변화를 학습으로 보는 관점에 해당하는 반면, 원리를 적용하여 답을 얻어내는 것은 두 번째 관점의 학습에 해당한다.

셋째, 이제 소개하는 학습에 대한 관점은 일반인들에게 다소 낯설수 있다. 사고 구조의 재조정 혹은 주변과의 상호작용을 통해 의미를 구성했을 때 학습이라고 부르는 경우가 있다. 학습자가 이미 지니고 있는 의미체계를 바탕으로 환경과의 상호작용을 통해 사고구조가 재조정되거나 새로운 의미를 만들게 되면 그에게 학습이 일어났다고 말하는 관점이다. 즉 학습자가 새롭게 접한 지식에 의해 자신의 내적 사고 구조를 수정하거나 혹은 특정 경험을 통해 새로운 의미를 주관적으로 구성할 때 '무언가를 배웠다', '학습했다'라는 말을 사용하는 경우다. 외부에 객관적으로 존재하는 누구나 인정하는 진리를 받아들이고 이를 정답으로 암기하는 것을 학습으로 규정하는데 익숙한 일반인들에게 이렇게 학습자 개인의 주관성을 강조하는학습에 대한 견해는 충격적이기까지 하다. 왜냐하면 이는 기존에 일반인이 지니고 있는 지식에 대한 가정을 송두리째 흔들어 놓는 것이기 때문이다. 이 관점은 학습자가 받아들여야 하는 진리가 외부에객관적으로, 절대적으로 존재하지 않는다는 것을 가정해야 성립할수 있다. 이 견해는 개인들이 자신들이 속해 있는 환경과의 상호작용을 통해 만들어 내는 주관적이고 상대적인 의미가 지식이라고 믿는 관점이다.

사례를 통해 학습에 대한 세 번째 관점 중에서, 외부와의 상호작용을 통한 주관적 의미 구성에 해당하는 관점을 좀더 살펴보자. 예를 들어, 얼마 전 필자는 블랙박스 SD 카드를 교체하러 블랙박스를 파는 상점에 들렀다. SD 카드를 교체해주려던 점원은 6만 원의 비싼 SD 카드를 사기보다 최신형의 1만 7천 원짜리 블랙박스를 사라고 권하였다. 성능도 월등하고 보상판매기간이라 싸게 판매한다는 말을 덧붙였다. 아주 많이 싸다는 생각에 좋다고 말했다. 말이 나가자 다른 점원 한사람이 이미 차에 블랙박스를 교체하고 있었다. 계약서에 사인을 하려는 순간, 계약서에서 쓰인 블랙박스의 가격, 1만 7천 원×36개월이라고 쓰인 것이 보였다. 이것은 말이 안 된다고 하자 점원은 여러 가지 이유를 대면서 이것이 얼마나 저렴한 가격인지를 설명하기 시작했다. 머릿속이 복잡했다. 사인을 못하겠다고 했을 경우 벌어질 폭력적인 상황과 앞으로 감당해야 할 비용 사이에서 헷갈려 하는 사이, 이미 모든 것은 일사천리 정리되어 집으로 가는 방향으로 차가 가지런히 놓여져 있었다. 마지못해 사인을 하였다. 집으로 가는 동안, 불쾌한 기분이 가시질 않았다. 그러나 이러한 필자의 느낌과는 대조적으로 블랙박스를 판 점원은 필자에게 비싼 블랙박스를 판매해서 능력을 인정받았을 것이다. 그리고 그 점원은 '블랙박스는 이렇게 파는 것이구나'라는 생각을 했을 것이다. 여기서 점원이 한 생각 '블랙박스는 이렇게 파는 것이구나'라는 생각은 필자에게 블랙박스를 판매한 상황을 통해 이 점원이 구성한 의미에 해당한다. 이 의미는 새롭게 구성된 것이거나 혹은 점원이 과거에 지녔던 생각, 즉 지녔던 의미가 강화되거나 수정된 것이다. 만약 필자가 이 상황에서 블랙박스 판매의 불공정을 문제삼고 시정을 요구하였다면 점원은 다르게 의미를 구성하였을 것이다. 그리고 필자와의 한 번의 상호작용을 통해 획득한 이 의미는 앞으로 벌어질 또 다른 판매 상황을 통해 강화되거나 수정되는 변화를 겪을 것이다. 이때 이 점원이 '블랙박스는 이렇게 파는 것이고, 이렇게 하는 것이 능력 있는 것이다'라는 생각, 즉 다른 말로 '의미'가 이 상황을 통해 점원이 학습한 내용이다. 즉 그는 이 경험을 통해, 그만의 의미를 구성하였고, 이것을 학습이라고 부를 수 있다. 이때 우리는 점원에게 그가 구성한 의미가 틀렸다고 말할 수 없다. 왜냐하면 그 의미는 그가 기존에 자신이 지니고 있던 의미를 기반으로 새로운 사회적 상호작용을 통해 만들어 낸 의미이기 때문이다. 이렇게 개인의 특정 상황을 경험하여 특정 의미를 만들어 냈을 때 '배웠다' 혹은 '학습했다'는 말을 사용한다.

위에서 언급한 학습에 대한 세 가지 관점들은 각기 행동주의(behaviourism), 인지주의(cognitivism), 구성주의(constructivism)라고 불리는, 대표적인 학습이론들이다. 앞서 말한 것처럼, 행동주의는 외적으로 드러나는 행동에 변화가 일어났을 때, 인지주의는 새로운 정보를 해석, 변형, 축적하는 내적 사고 과정을 거쳤을 때, 구성주의는 개인들이 주변 상황과의 상호작용을 통해 내적 사고 구조를 변화시키거나 주관적으로 의미를 구성했을 때, 각기 학습이라고 본다.

그런데 보통의 익숙한 용법에서 학습은 대개 행동주의와 인지주의를 일컫는다. 개인이 자신의 생각을 말하는 것을 학습이라고 보는 구성주의는 낯설다. 이 익숙함과 낯섦은 어떻게 나뉘는 것일까?

그것은 철학적으로 행동주의, 인지주의와 구성주의가 서로 다른 지평 위에 있기 때문이다. 전자의 두 개 이론은 철학적으로 지식이 학습자와 상관없이 학습자 외부에 객관적으로 존재한다는 객관주의에 기반한다. 주관과 관계하지 않고 외부에 객관적으로 존재하므로, 개인들은 이의 권위를 인정하고, 이를 수용하고 따라야 한다. 학습자들은 지식과의 관계에서 수동적 위치에 처한다. 이에 반해 구성주의는 지식을 학습자가 환경과 상호작용을 통해 만들어 낸 의미로 간주

한다. 이러한 지식에 대한 태도는, 앞의 두 이론이 견지한 객관주의와 대비되는 주관주의이다. 지식이 외부에 객관적으로 존재하고 수용해야 하는 어떤 것으로 간주했던 일반인들에게, 주관적으로 구성되는 의미를 지식으로 간주하는 구성주의는 매우 낯설다. 이러한 낯설음은 지식을 객관적이고 절대적인 것으로 여기는 교육환경에서, 객관주의적 지식관이라는 철학적 관점을 부지불식간에 받아들인 데서 기인한다. 지식이 주관적이고 상대적으로 구성된 의미를 일컫는다는 구성주의의 이론은 그래서 낯설고 받아들이기 어렵다. 행동주의, 인지주의, 구성주의가 보이는 철학적 차이를 조금 더 살펴보자.

행동주의, 인지주의, 구성주의의 철학적 차이를 이해하기 위해, 존재론과 인식론을 살펴보는 것이 효과적이다. 존재론과 인식론은 철학의 근본에 해당하는 것으로 존재론이 세계에 무엇이 존재하는지 묻는다면 인식론은 존재하는 것에 대해 어떻게 알게 되는가를 묻는다. 학습과 관련해서 존재론은 특히 지식, 정보, 세계에 관해 무엇을 진리라고 여길 수 있는지 명시하는 부분이 관심사라면, 인식론은 학습자들이 어떻게 알게 되고, 알게 되는 과정을 어떻게 더 촉진할 수 있는가 하는 부분이 주요 관심대상이다.

세 가지 학습이론의 존재론과 인식론을 간략히 살펴보면, 존재론과 관련하여 객관주의, 상대주의로, 인식론과 관련하여 경험주의, 합리주의로 설명할 수 있다.[4] 객관주의(objectivism)는 세계가 개인의 외부에 존재하며 특정 개체들로 구성되어 있다는 관점이다. 따라서 실재는 개인의 인식과 무관하게 존재한다고 보는 존재론이다. 따라

---

4 Shuh, K. L. & Barab, S. A., Philosophical perspectives. In J. M. Spector, M. D. Merrill, J. V. Merrienboer & M.P. Driscoll(Eds.), *Handbook of research on educational communications and technology* (3rd ed.), New York: Taylor & Francis Group, 2008, pp.69-75.

서 인식과 관련해서 다음과 같이 믿는다. "인간의 의식은 실제세계와 일치하는 실제세계의 상(representation)을 만드는 거울로서 기능한다. 안다는 것은 실제세계와 정확히 일치하는 상을 갖는 것이다."[5] 흔히 일상생활에서 겪는 '내 생각이 옳다', '네가 본 것이 맞다', 혹은 '당신들이 그르다'와 같은 '맞다, 그르다' 종류의 다툼은 객관주의에서 비롯된다. 이러한 다툼은 인식론적 차이를 논하는데, 그 차이를 인정하지 않고 차이를 '맞음'과 '그름'의 차원에서 다룬다. 즉 누가 더 '실제세계와 일치하는 실제세계의 상'을 정확히 지니고 있는지를 다툰다. 이처럼 객관주의는 존재론과 인식론을 함께 의미한다. 상대주의(relativism)는 경험적, 물리적 사건들의 의미를 그들 사이의 관계에서 해명한다. 다른 사태들과 관계없이 독립적으로 존재하는 그 어떠한 내재적 의미도 없다고 본다. 그리하여 "실재는 사회적, 경험적으로 구성되어, 관찰자와 문맥에서 발생하는 지역적이고 특정적인 것이다. 세계에 관한 어떠한 절대적 진리도 없다. 개인적 구성이 이를 대신한다."[6] 상대주의 역시 존재론과 인식론을 아우른다. 객관주의와 상대주의 사이에 존재론적으로 커다란 간극이 있다.

경험주의(empiricism)는 인식론으로서 지식이 경험과 감각으로부터 만들어진다는 관점이다. 합리주의(rationalism)는 인식론적 관점으로써 이성이 모든 지식의 원천이라는 믿음이다. 경험적, 물리적 사건들 사이의 의미를 그 관계 속에서 찾는 견해이다.

이렇게 보았을 때, 행동주의 학습이론은 객관주의와 경험주의에 기반하고 있다. 인지주의 역시 행동주의와 공통적으로 존재론에 있어 객관주의에 뿌리를 두고 있다. 그러나 인식론적으로 행동주의 학

---

5 위의 책, p.71.
6 위의 책, p.72.

습이론과 다르게 경험주의보다는 합리주의에 가깝다. 그런데 인지주의 중에도 피아제(Paiget)로 대표되는 인지적 구성주의(cognitive constructivism)는 개인의 경험을 통해 세계를 알 수 있다는 주장을 펼친다. 그래서 상대주의적인 존재론과 합리주의적인 인식론에 기댄다. 마지막으로 구성주의 중에서도 비고츠키(Vygotsky)로 대표되는 사회 문화적 구성주의(sociocultural constructivism)는 인지적 구성주의와 마찬가지로 상대주의적 존재론에 기대고 있으나 개인의 이성에 전적으로 의지하는 합리주의에 인식론적으로 기반을 두지 않는다. 존재론적으로는 인지적 구성주의와 사회문화적 구성주의는 동일하게 상대주의에 기대나 인식론에 있어 차이를 보인다. 사회문화적 구성주의는 인식론에 있어 지식이 개인의 합리적 이성작용에 의해 구성된다기보다 사회적 협상 과정을 거쳐 구성된다고 본다. 다시 말해, 지식은 사회적, 참여적 행위를 통해 구성된다고 본다. 학습이 "현존하면서 '상호작용'하는 데 쓰이는 언어, 재료, 환경, 신체행위, 인지적 정서적 재현물들의 영향"[7]과 구체적 상황에 의해 형성된다고 본다. 따라서 상황을 해석하는 데 사용되는 언어와 같은 상징적 재현과 구체적 사건들을 주요하게 다룬다. 즉 사회문화적 구성주의는 개인과 개인을 둘러싼 환경, 즉 상호작용을 매개하는 사회, 문화적 상징체계 그리고 구체적 사건들이 상호작용하는 가운데 인식이 발생한다고 본다.[8]

행동주의, 인지주의, 구성주의의 철학적 기반을 표로 나타내면 다

---

7 Rasumussen, B., The 'good enough' drama: reinterpreting constructivist aesthetics and epistemology in drama education, *RIDE: The Journal of Appllied Theatre and Performance*, Vol.15, No. 4, 2010, p.533.

8 Roper, B. & Davis, D., Howard Gardner: Knowledge, learning and development in drama and arts education, *Ride*, Vol. 5, No.2, 2000, pp.217-233.

음과 같다.

학습이론		존재론	인식론
행동주의		객관주의	경험주의
인지주의		객관주의	합리주의
구성 주의	인지적 구성주의	상대주의	합리주의
	사회문화적 구성주의	상대주의	개인과 사회의 의미협상과정

　행동주의, 인지주의, 구성주의가 서로 다른 존재론과 인식론에 기반하고 있으므로, 이들의 학습 방법 또한 다른 모습을 띠게 된다.
　행동주의는 목표로 삼은 행위를 습득하기 위해 알맞은 자극을 주고, 반복, 연습 심화시키면서 벌과 상을 그 수단으로 삼는 것을 학습 방법으로 취한다. 인지주의는 새로운 지식을 기존의 인식체계에서 어떻게 조절하여 축적하고 후에 사용할 것인가를 목적으로 설명, 제시, 예시 들기 등을 학습을 촉진하는 수단으로 삼는다. 학습자의 반응에 대해 교정을 해줄 수 있는 피드백이 인지주의에서도 중요한 역할을 한다. 그러나 학습자의 정신적 사고 활동을 중요시 여기는 측면에서 행동주의와 다르다. 이에 반해 구성주의는 개인의 사고구조의 변화와 사회와의 상호작용을 통해 새로운 의미를 형성하도록 하는 학습 방법을 사용한다. 피아제로 대표되는 인지적 구성주의가 사전지식(스키마)과 새로운 정보 간의 관계를 통한 스키마의 변화를 핵심 과정으로 삼아, 개인의 사고 활동을 자극하는 학습 방법을 사용한다면, 비고츠키로 대표되는 사회문화적 구성주의는 새로운 의미 형성을 위한 개인과 상황과의 직접적이며 생생한 대면 그리고 그 상황을 해석하는 데 사용되는 상징체계의 탐구를 중요한 학습 방법으로 삼는다.

3. 사회문화적 구성주의와 과정드라마

이제까지 소개된 학습이론과 관련하여 1장에서 소개했던 〈배낭을 멘 노인〉 과정드라마는 어떻게 학습으로 받아들여질까? 기존의 학습이론인 행동주의, 인지주의의 관점으로 〈배낭을 멘 노인〉 과정드라마를 학습이라고 보기는 어려울 것이다. 그러나 구성주의 학습이론, 그중에서도 사회문화적 구성주의에 의한다면 과정드라마는 학습으로 이해될 수 있다.

학생들은 마치 실제 상황처럼, 드라마라는 허구 상황에서 배낭을 멘 채 이상한 말과 행동을 하는 노인과 맞닥뜨렸다. 그리고 자신들이 기존에 지니고 있던 상징체계를 사용하여, 노인의 배낭에 불길한 것이 들어 있을 것이라는 상상을 하였다. 그리고 배낭에 돌이 들어 있는 것을 확인하고 자신들의 상징체계가 잘못되었음을 확인하였다. 생김새와 행동이 나와 다르다고 편견을 가져서는 안 된다는 새로운 의미를 만들어 내었다. 개인과, 상징체계 그리고 구체적 사건에 의한 기존의 상징체계의 수정 및 재구성이라는 과정을 보여주고 있다. 이러한 과정은 사회문화적 구성주의 회로와 일치한다.

이전의 사회, 문화적 상호작용을 통해 얻은 의미를 지니고 새로운 상황에 직면하여 이 의미를 수정, 강화, 폐기하는 것을 사회문화적 구성주의의 관점에 있어서의 학습이라고 할 때, 〈배낭을 멘 노인〉 과정드라마는 이에 해당한다. 노인의 배낭에 대한 비정상적 집착은 학습자들로 하여 그 배낭이 보물이나 돈과 연관되어 있을 것이라는 의미를 만들게 한다. 이는 '소중한 것=돈과 관련된 것'이라는 의미체계를 학생들이 지니고 있음을 보여주고 더 확대해서 그들이 그러한 의미체계를 사용하는 사회, 문화적 환경에 놓여 있음을 보여준다. 이러한 그들의 행위가 가장 분명하게 드러나는 장면이 노인과 악수를 하는 장면이다. 노인이 다가오자 다른 곳으로 가버리거나, 툭 건드리거나, 혹은 악수를 하더라도 손끝만 간신히 잡은 채 온몸을 뒤로 뺀다. 학습자들은 노인에 대한 그들의 혐오를 드러내었다. 그러나 배낭에서 돌이 나오자, 학습자들은 순간 얼어버린다. 그들의 의미체계가 틀렸음을 확인한 것이다. 갑자기 혼란스러워진다. 그들은 머릿속에서 노인의 행동을 되풀이하여 재생한다. 그들이 지닌 의미체계로는 돌들이 해석이 되지 않자, 아이들은 그 돌이 '화석'이나 '운석'일 거라고 말한다. 자신들이 지닌 의미체계를 다시 한번 주장하는 것이다. 그러나 돌들이 그냥 주변에서 볼 수 있는 평범한 돌들임을 확인하게 되자 학습자들은 자신들이 지닌 의미체계의 막다른 지점에 도달하게 된다. 이제 그들은 새로운 의미를 창조해야 한다. 그래야만 자신들이 겪었던 경험들을 해석할 수 있기 때문이다. 노인이 왜 무거운 돌들을 배낭에 넣고 다녔을까? 뒤이어 이어지는 에피소드들은 그가 사실은 날아다니는 존재라는 것, 사람들과 섞여 살기 위해서 무거운 돌들을 배낭에 넣고 다녔다는 사실을 보여준다. 이제 학습자들은 새로운 의미들을 구성하게 된다. 사람마다 소중한 것이 다르다 혹은 나의 관점으로 다른 사람을 해석하면 아픔을 줄 수도 있다. 혹은 나도 모르게 편견이 내 안에 들어와 있다. '왜 그런 편견이 생기는 것일까?'와 같은 의미들을 구성하게 된다.

이처럼 〈배낭을 멘 노인〉 과정드라마는 배낭을 멘 노인이라는 허구상황을 제공하여, 학습자들로 하여금 자신들이 지닌 상징체계를 수정, 변화, 재구성하도록 하였다.

사회문화적 구성주의는 학습자들로 하여 이미 자신들이 지니고 있는 의미를 드러내도록 촉발하고, 이 의미가 충돌하는 새로운 사회상황과 직면케 하여, 자신들이 기존에 지녔던 의미의 타당성을 반추적으로 돌아보고 평가하게 한다. 그리하여 새로운 의미를 구성하도록 만들거나 혹은 왜 그런 의미를 구성하게 되었는지 질문하도록 만든다. 즉, 자신들이 사용하는 사회문화적 상징 및 의미체계에 대한 질문으로까지 나아가게 한다. 다시 말해 자신들이 지니고 있는 의미를 비판적으로 바라보는 메타인지적 의미를 구성하도록 돕는다. 사회문화적 구성주의에 기반하여 발생하는 이러한 과정들은 학습자의 사고 과정에 의미의 소환, 구성, 협상, 반성, 재구성, 더 나아가 메타인지 등을 불러일으킨다. 이렇게 본다면, 〈배낭을 멘 노인〉 과정드라마 수업은 사회문화적 구성주의 학습이론에 의거하여 교실에서 학습으로 인정된다. 개인이 사회 상황과 직접적으로 대면하여 의미 협상 과정을 거쳐 주관적, 상대적 의미를 구성하는 과정은 상대주의 존재론과 의미 협상을 인식론적 통로로 보는 사회문화적 구성주의와 닮아 있다.

앞서 들었던 블랙박스 점원의 예로 다시 돌아가 보자. 블랙박스 점원이 교실에 학습자로서 참여하게 되었을 경우를 상상해 보자. 그 교실의 교사가 만약 행동주의나 인지주의 학습이론 관점을 취하고 있다면, 그는 외부에 객관적으로 존재하는 진리를 알려주려고 할 것이다. 그래서 그는 블랙박스 점원의 블랙박스 판매행위가 잘못된 것이고, 가격을 처음부터 알려주고 정직하게 판매하는 것이 옳은 판매행위라고 점원에게 의미 수정을 요구할 것이다. 그런데 만약 교실의 교사가 사회문화적 구성주의 관점을 취하고 있다면 그는 블랙박스 판매 점원으로 하여 자신이 지니고 있는 의미를 적극적으로 드러내도록 격려할 것이다. 비록 교사가 점원의 관점이 틀리다고 생각할지라도 교사는 점원의 의미를 무시하거나 수정하기보다 시각적, 청각적, 공간적인 다양한 매체를 동원하여 그 점원으로 하여 자신의 생각을 적극적으로 표현하도록 격려할 것이다. 의미를 표현하고 구성하는 과정에 적극적이고 자발적으로 참여하도록 독려할 것이다. 그 과정에서 그는 자신의 블랙박스 판매 행위에 대해 지니고 있는 의미를 드러낼 것이다. '블랙박스는 이렇게 팔아야 하고, 이렇게 파는 것이 능력 있는 것이다'라는 의미. 그런데 그렇게 자신의 의미를 드러내는 과정에서, 그 의미는 다른 사람들이 만들어 낸 의미들과 대면하여 강화되고 충돌하는 과정을 겪을 것이다. 예를 들어 블랙박스를 구입한 소비자의 역할을 누군가 맡아 참담한 기분을 토로 한다면, 그는 그렇게 물건을 파는 것이 누군가의 기분을 상하게 하는 것이라는 의미를 구성하게 될 것이다. 그렇게 되면 그는 기존의 블랙박스 판매 방식에 대해 자신이 지녔던 의미에 변화를 가져올 것이다. 현재 지니고 있는 의미에 계속적인 변화를 가져오는 것이 사회문화적 구성주의 학습이론이고 이는 과정드라마 접근 방식과 일치한다.

II. 과정드라마의 필요성: 기호 그리고 경험

 I 부에서, 과정드라마가 사회문화적 구성주의에 의해 학습으로 이해되는 경로를 살펴보았다. II부에서는 드라마가 흥미를 유발하는 단순한 수단으로 그치는 것이 아닌, 과정드라마 형식을 통해 학습의 본질적 매체로 작동하는 양상을 살펴볼 것이다.

 '입시'가 짓누르는 교실 학습 환경에서 그동안 '드라마'는 교사 중심으로 진행되는 수동적 학습 분위기를 전환하기 위한 수단으로 여겨졌다. 학습자들의 흥미, 동기를 유발하는 방법으로 주로 사용되었다. 의상을 입는다던가, 음향을 사용한다던가 하는 감각을 환기시키는 방법들이 이에 해당한다. 그러나 최근에 등장하는 의미 구성 과정이나 의사소통 과정 등과 같은 기호학적 논의는 학습에서 드라마의 위상을 단순한 동기 유발적 차원이 아닌 의미의 교환과 생성이라는 본질적 차원에 위치시킨다.

 교사가 교육과정의 내용을 해석하고, 이를 학습자에게 일방적으로 전달하는 것으로 이해되었던 종래의 학습에 대한 생각은 앞서 학습 이론에 소개한 것처럼 해체되고 있다. 교사와 학습자가 서로의 의미를 교환하여 새로운 의미를 구성하거나 창조하는 형태, 학습 상황이 놓인 맥락에 의해 새로운 의미가 구성되는 형태 등의 다양한 학습과정이 인정되고 있다.[1] 그리하여 과거에는 교사가 교육과정을 어떻게 해석하여 전달할 것인가가 주 연구의 대상이 되었다면 최근에는 교사와 학습자 사이의 의미 소통 과정과 의미 구성에 대한 연구가 활발하다.

의미 소통과 의미 구성이 중요하게 다뤄지는 이유는 학교 교육 환경에서 의미의 전달, 교환, 생성이 학습의 주된 통로이기 때문이며, 또한, 이 과정에서 지배적으로 사용되는 언어가, 기호학적 관점에서 새롭게 해석되고 있기 때문이다. 언어를 기호학적 관점에서 해석하게 되면, 그 동안 학습의 실패로 종종 거론되었던 학습자들의 무기력, 무관심, 적극적 사고의 미개진 등과 같은 문제들이 상당 부분 해명될 수 있다.[2]

지금까지 교육현장은 교육내용 중심으로 작동함으로써, 교육적 상황에서 의미를 해석하는 주체들, 즉 교사와 학생의 해석적 인식 과정과 의미 전달 과정에 대한 인식이 부족했던 것이 사실이다.[3] 학습의 실패를 다루는데, 이와 관련한 연구들은 교육과정을 실현하는 두 축인 교육내용과 교육방법에 있어, 교육방법의 문제를 의사소통의 차원에서 해석함으로써, '의미화 과정에서 일어나는 교육 주체들의 인식'을 근본적 차원에서 다루고 있다.[4] 의미와 기호가 중요하게 부각되는 현재의 교육에서, 기호학적 논의의 역사를 지닌 드라마는 기호 차원에서 새롭게 조명되고 있다. 학습의 본질적 매체로서의 드라마의 필요성은 기호학적 논의를 통해 증가하고 있다. 학습으로서 드라마의 필요성이 증가하는 원인을 기호로서의 드라마, 다양한 양식의

---

1 김학준·김성봉, 「대안적 교실커뮤니케이션 모형 탐구」, 『교육학연구』 vol.49, no.1, 2011, pp.35-62.
2 이찬주, 「교수학습과정의 기호학적 고찰」, 『교육철학』 vol.35, 2008, pp.377-396.
3 이찬주·박범석, 「교수학습과정의 기호학적 탐구」, 『한국 교육문제연구』 vol.16, 2005, pp.85-97.
4 이찬주, 앞의 글, p.377.

의미 전달 매체로서의 드라마, 교사라는 텍스트를 현현시키는 매체로서의 드라마 등과 같은 드라마에 대한 새로운 해석을 통해 살펴볼 것이다.

4. 기호의 의미화

일반적으로 의미의 구성, 전달, 교환, 생성은 언어에 의해 이루어진다. 그러나 생각, 감정, 느낌 등을 전달하고 표현하는 도구는 언어 이외에도 이미지, 소리, 공간, 제스처 등 다양한 기호와 신호체계가 있을 수 있다. 언어를 포함해서, 의미를 재현, 전달, 교환, 생성하는 데 사용되는 상징 혹은 의사소통의 매개체를 기호라고 부른다.

교실 환경에서 언어는 지배적인 상징 혹은 의사소통의 매체로 사용된다. 그러나 최근에 이미지, 소리, 공간, 제스처와 같은 제반 매체가 불연속적으로 끊임없이 개입하고 또한 그 개입의 빈도수가 증가하고 있다. 이같이 변화하는 교실 환경을 고려할 때, 의미 교류와 구성을 위한 매체로서 언어보다 기호를 고려하는 것이 더 적절하다. 더불어, 의미 교류와 구성을 설명하는 개념으로서 '언어'보다 '기호'를 선택하게 되면, 현재 교실 학습의 문제를 기호사용의 주체, 과정들의 문제로 세분화하여 구체적 해법을 찾기가 수월해진다. 많은 경우 교실에서 발생하는 학습의 문제는 기호 사용의 주체들이 의미들을 전달하고 해석하는 과정에서 기호의 의미화, 의미의 기호화에 있어 혼돈과 단절을 겪는 과정에서 발생하기 때문이다.[5]

그렇다면 학습 문제를 일으키는 주원인인 기호 교류의 혼돈과 단

---

5 이찬주 · 박범석, 앞의 글.

절은 어떻게 발생하는가?

기호는 의미를 전달하기 위해 고안된 표식인 기표(signifier)와 그 기표를 통해 전달하고자 하는 의미인 기의(signified)로 구성된다. 기호는 기표와 기의가 함께 할 때 모습을 드러내는 것으로서, 기표와 기의는 개념적 분리일 뿐 실제적으로 독립하여 존재할 수 없다. 예를 들어, 상대방에게 손을 내미는 행위를 보자. 상대방에게 손을 내미는 제스처는 기표이고, 그 제스처 안에 만약 '만나서 정말 반갑다'라는 뜻이 들어 있다면 이것이 기의가 된다. 이때 기표와 기의가 어떻게 관계를 맺는가는 자의적인 관습의 결과이지 필연성은 없다고 말해진다.

기표와 기의로 구성된 기호를 교실에서의 교사와 학생 간의 의사소통 과정에 대입해보자. 예를 들어, 교사가 '사랑한다'라는 말을 했다고 하자. 이때 교사는 '사랑한다'라는 음성언어를 사용하는데 이것이 기표에 해당한다. '사랑한다'라는 음성언어로 표현된 기표를 외부로 드러낼 때, 교사의 내부세계에는 '사랑한다'라는 기표와 연결되는 지점이 있다. 예를 들어, 따뜻하면서도 포근하고 상대방을 염려하는 여러 가지 느낌과 정서가 그 지점에 해당한다면, 이것이 '사랑한다'라는 기표에 대한 기의이다. 그런데 교사가 사용한 '사랑한다'라는 기표에 대해 학습자들은 교사와 다른 기의를 형성하기 쉽다. 폭력에 노출된 학습자라면 '사랑'이라는 기표는 무언가 불길하고 무서운 느낌을 떠올리게 하며, 물건을 사고파는 시장에 익숙한 학습자라면 상품과 돈의 오고감을 떠올릴 것이다. '사랑'과 관련한 이전의 사회적, 문화적 경험들이 다름으로 인해, 교사와 학습자들은 동일한 기표에 대해 서로 다른 기의를 형성하기가 쉽다. 물론 기의의 차이를 줄이기 위해 교사는 설명을 더 곁들인다거나, 예를 든다거나, 동영상을 보여주는 노력을 기울일 것이다. 그러나 근본적으로, 동일한 기표에 대한 기의의 불일치 현상이 교사와 학습자 사이에 일어나는 것을 막기는 어렵다. 왜 이런 해석의 불일치 현상이 나타나는가? 다음과 같은 문구가 해답의 실마리를 제공한다. "어떤 기표가 주어질 때 그것이 연결시킬 적당한 기의가 없으면 의미 작용은 일어나지 않는다. 내부세계, 즉 마음은 문화적 체험의 창고라고 할 수 있다. 거기에는 잡다한 관념, 이미지 등 각종 지각 요소의 계열체가 들어 있다."[6] 덧붙여 아래와 같이 부연 설명한다.[7]

기왕에 들어 있는 의미 요소가 새로운 의미 작용의 전제 조건이다. 다시 말하자면, 임의로 생성되는 대신에, 이미 형성되어 있는 송신자의 내부세계로서의 의미 요소들에 의해 그 가능성과 한계가 규정된다는 것이다. 이렇듯 새로운 의미는 과거의 의미에 달려 있다. 의미는 이제 발신자의 의도로부터 선형적이고 직접적으로가 아니라, 비선형적이고 그리고 복합적으로 생성된다. 이러한 맥락에서 우리는 교사의 가르치려는 시도는 학생에게 내재되어 있는 선행학습의 연계 속에서 비로소 실현 가능해지는 것으로 볼 수 있다. 교사의 메시지가 함축하는 의미는 이전까지의 학생의 커뮤니케이션 혹은 학습의 성과물과의 관계 속에서 상대적으로 결정된다.

학습자의 내부세계에 이미 형성되어 있는 의미 요소들은 교사의 기표를 접하고 기의를 새롭게 형성하게 하는 결정적 역할을 한다. 읽기 교육에서 학습자들이 읽기 이전에 지니고 있는 사전 지식인 스

---

6 김경용, 『기호학이란 무엇인가?』, 서울: 민음사, 2008, p.27.
7 김학준·김성봉, 「대안적 교실커뮤니케이션 모형 탐구」, 『교육학연구』 vol.49. no.1, 2011, p.41.

키마(Schema)가 읽기 독해의 필수 요소라고 부르는 것과 같은 맥락이다.[8] 교사가 제시하는 기표는 학습자들이 이미 형성하고 있는 의미 요소들에 의해 해석되는 것이다. 그런데 학습자들의 내부세계 의미 요소들은 이제까지 학습자들이 학습한 내용, 경험을 통해 지각하고 이해한 것들로 이루어져 있다. 다시 말해, 개인이 경험한 사회, 문화, 교육적인 배경의 차이로 인해 이러한 지각, 이해, 인식의 내용물들은 개인마다 매우 다르다. 따라서 지각, 이해, 인식의 내용에 있어 교사와 학습자가 차이를 보이는 것은 당연한 결과다. 교사가 사용한 기표에 대해 학습자들이 교사와 동일한 기의를 형성하기 어려운 것은 이러한 이유 때문이다. 그런데 교실에서 흔하게 들리는 "알았어요?"와 같은 교사의 질문은 교사가 이러한 기대를 지니고 있음을 보여준다. 이는 교사가 사용한 기표에 대해, 학습자들이 교사와 동일한 기의를 형성했는지 묻는 질문이나, 어찌 보면 동일한 기의를 형성해야 한다고 강요하는 측면이 있으며, 또한 동일한 기의가 형성되지 못했음을 시인하는 것이기도 하다.

기표의 해석 과정에서 기의의 불일치 현상이 한번 발생하면, 학습자들은 뒤이어 계속해서 교사가 제시하는 기표들을 해석하는 데 어려움을 겪는다. 이러한 어려움이 지속되면 학습자의 학습에 대한 적극성은 눈에 띄게 사라지고, 무기력, 무관심과 같은 학습의 실패를 가져온다. 이른바 교사들이 얘기하는 '학생들의 유체이탈' 혹은 '마음이 콩밭에 가 있다'와 같은 현상이 발생한다. 이 지점부터 학습자들은 기의 자체를 형성하지 않으려고 한다. 교사가 던지는 기표에 대해 스스로 의미를 구성하는 '기의 구성'을 그만두게 된다.

---

8 박수자, 「구성주의와 언어 학습 경험」, 『국어교육연구』 5집, 서울: 서울대학교 교육종합연구원 국어교육연구소, 1998.

교육내용의 의사소통 과정에 있어 기호의 의미화 과정, 즉 기표와 기의 연결 관계를 살펴보게 되면, 교수학습과정에서, 교사가 교육내용을 해석하는 것만큼이나, 학습자들의 내부세계의 의미 요소에 대한 탐구가 중요하다는 점을 알 수 있다. 그러나 학교에서 학습자들에 대한 연구는 교육내용에 대한 연구보다 후순위로 밀리고, 실상 이에 대한 연구가 필요하다는 인식조차 부족한 것이 사실이다.

이상과 같이, 기호의 의미화 과정에 대한 설명은 학습의 실패가 교사와 학습자 사이의 기호 해석의 불일치 그리고 그로인한 무기력, 즉 기의 형성을 시도조차 않는 학습 포기에서 기인함을 보여준다. 학습자들의 기호의 의미화 실패가 곧 학습의 실패로 이어지는 모습을 보여준다.

그렇다면 학습자들의 기호의 의미화를 학습과정에서 구현하기 위해 어떻게 해야 할까?

먼저, 학습자들에게 기표를 해석할 수 있는 시간적, 공간적 공간을 제공해야 한다. 기표에 대해 기의를 형성하고, 어떠한 기의를 형성하는지 서로 이야기 나누고 공유하는 시간을 제공해야 하며, 이를 허용할 수 있는 공간을 제공해야 한다.

그런데 이 과정을 본질적으로 담고 있는 매체가 드라마이다.

드라마가 지니는 '표현'이라는 속성은 적극적 기의 형성을 본질적으로 요구하면서, 또 한편 형성된 기의를 다른 이들과 공유하도록 만든다. 아래에 제시된 연극화 과정은 기표에 대한 의미화 과정, 즉 기의 형성 과정이 연극 안에 어떻게 본질적으로 내재하고 있는지, 그리하여 학습자들에게 이를 수행하도록 요구하는지 보여준다. 또한 다른 이들과의 상호작용이 어떻게 동시적으로 발생하는지도 보여준다.[9]

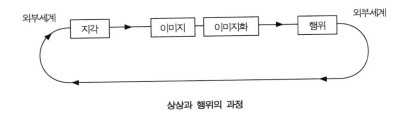

상상과 행위의 과정

만약 교사가 '편견을 갖지 말자'라는 기표를 학생들에게 음성언어로 들려주고 어떤 장면이 떠오르는지 2명씩 짝을 지어 움직임과 대사를 넣어 표현해 보라고 하자. 위의 도표에서처럼 학습자는 '편견을 갖지 말자'라는 기표를, 외부세계에서 오는 자극으로써 지각하게 된다. 학습자는 이 지각된 지표에 대해 상상을 하여 이미지, 소리, 분위기 등을 외부세계에 행위로 나타낸다. 이때 상상은 지각된 기표 '편견을 갖지 말자'와 관련한 의미 요소들을 자신의 내부세계에서 끌어오는 행위이다. 상상을 통해 해석된 의미는 드라마적 표현을 통해 감각적인 행위로 외부세계로 표출된다. 이처럼 드라마에 본질적으로 내재하고 있는 '표현'은 기표에 대한 기의 형성, 의미화 과정, 다시 말해 상상, 사고 과정을 본질적으로 포함하고 있다. 그리하여 드라마 표현 과정에 일단 들어서게 되면, 상상하고 사고하는 활동을 멈출 수 없다.

대개의 교실에서, 교사가 기표를 제시했을 경우, 무기력과 무관심의 태도를 취하는 학습자들은 적극적으로 기표에 대한 기의를 형성하려고 하지 않는다. 그런데 그것을 신체, 소리, 정서, 감정까지 포함한 연극적 표현으로 드러낼 것을 요구하면, 외부세계로의 표출을 위해 어쩔 수 없이 내부세계에서 기의를 형성할 수밖에 없다. 그런데

9 Richard Courtney, 교육연극 교육과정론, 황정현 역, 서울: 박이정, 2010, p.25.

이러한 기의 형성은 학습자들로 하여 내부세계의 여러 의미 요소에 대한 선택, 종합, 변형 등의 사고를 촉진시키는데, 이러한 과정이 '상상하기'에 해당한다.

이처럼 드라마는 적극적 기의 형성을 독려하는 역할을 한다. 또한 드라마의 '표현'은 참가자들의 내부세계에서 무슨 일이 벌어지는지 다른 참가자들에게 보여주는 행위이므로, 학습자들 사이 혹은 교사와 학습자 사이의 상호작용을 전제한다. 따라서 학습 참가자들 사이의 역동적 상호작용이 자연스럽게 발생하게 한다.

또한 드라마의 새로운 형태인 과정드라마는 학습자의 내부세계의 의미요소들과 연결될 수 있는 지점 찾기의 방법론이 발달해 있어, 학습자들의 무관심과 무기력을 약화시키는 실질적 방법들을 포함한다. 학습자들의 사회문화적 배경을 고려하여 그들의 의미체계에 연결될 수 있는 기호를 포착하는 것이 중요한 방법 중의 하나다.

예를 들어, 편견을 갖지 말자 혹은 차별을 하지 말자라는 주제는 학습자들이 관심을 보이기엔 너무 상투적인 구호이거나, 혹은 지나치게 사회정치적인 이슈로 흐를 수 있다. 그런데 그들이 머무르고 있는 사회문화적 환경에서 이를 다루게 되면 학습자들은 곧 흥미를 갖는다. 예를 들어 〈배낭을 멘 노인〉 과정드라마는 마을에 들어온 괴상한 노인이라는 호기심을 불러일으키는 소재로, 학습자들과의 연결지점을 포착하여 차별이나 편견이라는 소재에 접근하였다.

과정드라마는 참가자들의 적극적 몰입이 부재할시 완성되기 힘들다. 따라서 그들의 자발적 참여가 필수 조건인데, 그들의 참여를 이끌어 내기 위해서는 그들이 무엇에 흥미가 있고 관심이 있는지 찾아내야 한다. 바로 이 부분이 과정드라마가 구조적으로 학습자들의 내부 의미 세계에 대한 탐구를 적극적으로 하도록 만드는 지점이다. 이러한 구조로 인해 과정드라마에서 교사와 학습자 사이의 기의의 불일치 현상은 상당히 해소된다.

　과정드라마 형태의 드라마는 매체의 특성상, 기호의 의미화 과정을 필연적으로 구현할 것을 요구하며, 이를 참가자들 사이에서 자연스럽게 공유하게 한다. 학습에서 '기호의 의미화' 과정이 새롭게 조명받는 요즘, 드라마의 필요성은 증대하고 있다.

5. 복합양식성(multimodality)

　드라마는 기호의 의미화 과정에서 언어 이외에 이미지, 소리와 같은 다양한 기호를 포함하기 때문에, 의미를 적확하면서도 풍부하게 나타낼 수 있게 한다. 기호를 의미화하는 과정에서 드라마적 표현을 사용하는 방식은 사회문화 교육적 배경이 다양한 학습자들이 소외됨 없이 교수학습과정에 참여하도록 다양한 의미 형성과 표현을 격려한다. 소리, 몸짓, 공간, 이미지 등의 다양한 기호들을 허용하고 있기 때문에 언어와 같은 특정 의사소통 방식만을 고집하지 않는다. 따라서 학습자들의 의미 세계에 있는 복합적이고 다양한 의미들에 한층 더 민감하게 반응하여, 독특한 의미들을 다양하게 구성하고 적확하게 표현할 수 있도록 한다.

　이렇게 다양한 양식의 기호들로 이뤄진 텍스트를 복합양식성(multimodality) 텍스트라고 부른다. 복합양식성은 10명의 교수들로 이뤄진 뉴 런던 그룹(New London Group)이 90년대 중반 제시한 개념으로, 디지털 사회에 적응하기 위해서 뿐만 아니라, 문화적, 언어적, 의사소통 측면의 다양성을 포용하기 위해 그 필요성을 제기하였다.[10] 뉴 런던 그룹은 의미를 구성하는 데 사용되는 기호를 6가지로 나누었다. 언어적 기호, 시각적 기호, 청각적 기호, 몸짓 기호, 공간기호 그리고 이들이 복합적으로 사용된 복합양식적 기호 등으로 분류하면서, 이들 기호는 각각의 기호에 맞는 고유의 의미를 나타낸다고 주장한다. 즉 언어적 의미, 시각적 의미, 청각적 의미, 몸짓 의미, 공간적 의미 그리고 복합양식적 의미 등이 이에 해당한다.[11] 이때 문자뿐만 아니라 그림이나 각종 기호, 소리, 영상, 몸짓 등 다양한 형태의 기호가 복합적으로 구성된 텍스트를 '복합양식 텍스트'라고 명명한다. 한 가지 기호로 구성된 "단일양식 텍스트(monomodal text)"[12]와 상대되는 개념이다. 더불어 '복합양식 텍스트'를 해석하거나 구성할 수 있는 능력을 복합문식성(multimodal literacy)이라고 명명한다.

복합양식성과 문식성에 대한 주장은 컴퓨터, 모바일 폰 등 새로운 매체의 등장으로 인해 메시지 전달 방식에 변화가 생기면서 제기되었다. 과거 문자로 표현되던 의미는 오늘날 모바일이나 컴퓨터 스크린에서 동작, 음향, 이미지 등이 더해져 표현되고 있다. 다양한 이모티콘이나 음향을 사용해 문자만으로 충분히 표현할 수 없는 미묘한 의미까지 표현하고 있다. 이처럼 학습자들은 일상생활에서 다양한 양식의 매체를 통해 다양한 기호 및 의미들을 접하고 있다. 이러한 사회 변화에 따라 언어 중심적 소통이 지배적인 교실 환경에서 대상이나 사건에 대한 학습자들의 이해나 표현 욕구를 충분히 담을 수 없는 한계가 지적되었으며, 이에 교육현장에서 복합양식성과 문식성

---

10 The New London Group, A Pedagogy of Multiliteracies: Designing Social Futures, vol.66, no.1, *Harvard Educational Review*, 1996, pp.60-93.

11 http://www.newliteracies.com.au/what-are-new-literacies?/138/(2016.1.16)

12 Bearne, E., Multimodal texts: What they are and how children use them. In J. Evans(Ed.), *Literacy moves on: Using popular culture, new technologies and critical literacy in the primary classroom* (pp.16-30). London: David Fulton Publishers, 2004.

에 대한 필요가 제기된 것이다.

그런데 급변하고 다양화되는 학습자들의 디지털 환경이나 문화적 맥락을 고려하여, 의사소통 양식의 다양화를 꾀한다는 목적으로 논의되었던 복합양식성은 최근에 좀더 근본적인 차원에서 논의되고 있기도 하다. 의미를 나타내는 재현양식(representation mode)의 다각화의 차원에서 설명되고 있다.[13]

문식성은 보통 읽고 쓰는 능력으로 간주된다. 때대로 연산 능력 혹은 수학 능력이 이 개념에 포함된다. 그러나 대체적으로 상당히 넓은 개념이기는 하다. 문식성은 어느 문화권에든 각 문화권에서 사용되는 상징적 형태들에 있는 의미를 암호화(encode)하거나 혹은 암호를 푸는(decode) 능력을 포함한다. 예를 들어 어떤 개인이, 음악, 혹은 시각 예술 혹은 춤과 같은 것들을 경험하고 의미를 이끌어 내는 능력을 지녔다면 그는 문식성이 있는 것이다.

문식성에 대한 이러한 정의와 함께, 복합문식성이 언어보다 좀더 광범위한 재현 양식들(modes of representation)에 관한 탐구라는 주장이 제기되고 있다. 피아자(Piazza)는 복합 문식성을 "음성언어나 문자언어뿐만 아니라 예술-시각예술, 음악, 춤, 연극(드라마), 영화(텔레비전, 비디오, 테크놀로지)에 내재한 의사소통을 위한 채널들, 상징들, 형식들, 그리고 의미들이 복잡하게 혼합"된 것이라고 묘사한다.[14]

---

13 Eisner, E., Preparing for today and tomorrow, *Educational Leadership*, 61(4), 2004, p.8.

14 Piazza, C., *Multiple forms of literacy: Teaching literacy and the arts*, Upper Saddle River, NJ: Prentice Hall. V, 1999, p.2.

이렇게 본다면 복합문식성은 변화하는 디지털 환경, 다양화되는 문화 지형의 변화를 포용한 '소통의 방식'으로서 뿐만 아니라, 의미를 나타내는 '상징의 방식'까지를 포함하게 된다. 이러한 맥락에서 음악, 춤, 연극, 영화처럼 기존에 예술이라 불렸던 영역들은 '미적 체험'이라는 공간에서 나와 소통 수단으로서, 그리고 그 소통 과정에 참여하는 '의미 재현' 수단으로 그 역할이 확대된다.

앞서 소개된 〈배낭을 멘 노인〉 과정드라마는 시각적·청각적 몸짓, 공간적·언어적 의미 등이 복합적으로 사용되는 전형적인 복합양식성을 띤 텍스트이다. 무거운 가방을 메고 다리를 질질 끌며 걸어가는 장면은 그 자체로 학습자들에게 의미를 전달한다. 이는 "노인이 무거운 배낭을 메고 힘겹게 걸어갑니다"처럼 언어로 표현되었을 때 나타낼 수 있는 의미 이상의 것을 포함한다. 정서적이고 감정적이고 언어적인 의미들을 포함할 뿐만 아니라 그 이상의 것을 함축하고 있다. 다양한 의미들을 포착, 재현, 소통하는 다양한 기호의 사용은 학습자들을 적극적 학습자로 참가하도록 자극한다.

이상과 같은 논의는 드라마가 방법적인 수준이 아닌 의미의 구성, 의미의 재현, 의미의 소통의 차원에서 사용되고 있음을 보여준다. 학습 상황에서 언어 위주의 의사소통 방식의 한계 지점은 복합양식성에 대한 필요를 불러일으키고, 이러한 요구는 복합양식성을 본질적으로 띠고 있는 드라마에 대한 필요성으로 이어진다. 따라서 드라마는 교육에 있어 더 이상 방법적 차원이 아닌 소통적, 재현적 차원으로 재조정될 필요가 있다.

6. 기호를 넘어 경험으로

학습 상황에서, 기호의 차원에서 의미를 소통하고 구성하도록 자극하고 가능케 하는 드라마는, 뿐만 아니라 학습에서 중요하게 다뤄지는 차원, 즉 기호 너머의 세계를 발견하고 지각하는 경험 또한 제공한다. 이 독특한 경험은 감정, 이성, 정서, 가치 등등 보이지 않는 내적 세계가 총체적으로 얽혀서 대사, 표정, 눈빛, 침묵, 움직임, 분위기 등으로 표출하는 데서 발생한다. 교사 혹은 학습자가 드라마 안에서 내는 목소리의 강약, 고저, 속도, 침묵 혹은 몸짓 등은 기호뿐만 아니라 기호 이전의 세계, 기호가 시작하는 곳까지 더듬어 감각적으로 느끼게 한다. 그런데 이러한 경험은 오랫동안 기억에 남아 잘 사라지지 않는다. 이 경험은 어떤 종류의 것이고 왜 기억에 남아 있는 것일까? 또한 학습에 어떤 영향을 끼치는 것일까? 이러한 질문들에 대한 답을 통해 학습에 있어 드라마가 기호적 기능 외에 학습의 본질적 차원에서 어떤 기능을 하는지 탐구해 보자.

학창시절을 돌이켜보자. 기억에 남는 수업 시간을 떠올려보면, 즉각적으로 떠오르는 몇몇 장면들이 있다. 교과 내용을 다뤘던 수업시간들은 대개 잘 떠오르지 않는다. 오히려 교과와 관련 없는 여 선생님의 첫사랑 이야기, 낚시에 빠진 남 선생님의 낚시 이야기, 혹은 우여곡절로 가득한 영어 선생님의 여행기 등이다. 아마 학교를 거쳐 간 대부분의 사람들의 기억 속에는 교과서를 공부했던 장면들보다 이와 같은 장면들이 남아 있을 것이다. 그렇다면 왜 교과를 위해 배정되었던 12년 동안의 시간은 사라진 것일까? 정작 교과를 배우던 순간들보다 교사들이 개인 관심사를 말하던 순간들이 기억에 남아 있는 것일까? 가끔 예외가 있다. 정열적으로 수학을 가르치던 수학 선생님의 수업시간이 기억에 남는다. 사회 현상과 맞물려 알기 쉽게 철학 이론을 말해주셨던 윤리 선생님의 윤리 시간도 기억에 남아 있다.

그렇다면 교사의 개인적 경험과 열정적인 교사들의 수업 시간은 어째서 우리 학습자들의 기억에 그토록 오래 남아 있는 것일까? 이들의 공통점은 무엇일까?

그것은 "미학적 질성(aesthetic quality)"이다.[15]

미학적 질성은 경험주의 학습을 주장했던 듀이에 의해 주장된 것으로 지적인 활동이 정서적이고, 감정적이고, 실제적인 차원까지 통합하여 전체성을 띠게 되었을 때, 지적인 활동 외에 펼쳐지는 정서적이고, 감정적이고, 감각적인 부분을 가리키는 말이다.

모든 분석과 종합, 비판, 적용과 같은 지적인 과정 속에는 그것이 일어나는 사태 전체에 대한 직관이 있어야 하는데, 이 같은 직관의 주관적 측면이 바로 느낌인 것이다. 이와 같은 주관적 측면의 느낌이 생기면 방향 감각이 생기고 쾌적한 감각이 생기는데, 이것이 결국 사고를 강화하고 밀고 나가는 힘이 되는 것이다. 우리가 말하는 지적인 정열(intellectual passion)과 브루너가 말하는 본질적인 동기(intrinsic motivation)란 결국 여기서 생기는 것이다. 그러므로 감정과 지적인 과정과의 연계는 인식의 종류마다 정도의 차이가 있을 뿐, 모든 인식의 바닥에 깔려 있는 것이다.[16]

교사나 학습자의 몸짓, 말투, 눈빛, 침묵 등을 통해 드러나는 지적인 활동 속에 내재한 정서적이고, 감정적이고, 감각적이고, 실제적인

---

15 Dewey, J.(1958/1934), *Art as Experience*, New York: Carpricon books cited in 허영주, 「교육매체의 재개념화를 통한 교사 역할의 탐색」, 『교육학 연구』 43권 4호, 2005, p.178.
16 허영주, 앞의 글, p.179.

부분들을 통해, 그가 표현하고자 하는 기호가 어느 수준에서 해석되고 있는지 확인할 수 있다. 만약 표현되는 기호가 미학적 질성을 띤다면 이는 그 기호가 발화자에 의해 충분히 수용되고, 해석되고, 실천되었다는 것을 보여준다. 즉 발화자가 그 기호에 대해 지니고 있는 주관적인 열정, 내적 동기, 헌신도 등을 증거한다. 미학적 질성을 띤 기호와의 대면은 하나의 특별한 경험이 된다. 하나의 특별한 경험에 대해 듀이는 다음과 같이 설명한다.

> 듀이는 경험에 의한 학습(learning by experience)을 주장한 사람이지만, 모든 경험이 학습을 가져오는 것은 아니라고 하였으며, 그것을 위하여 이론적으로는 평범한 '경험'(experience)과 '하나의 경험'(an experience)을 구별지었다(Dewey, 1929). 평범한 경험이란 완전하지 못한 경험으로써 생각과 행동이 조화를 이루지 못하며, 수단과 목적이 따로 떨어져서 통합되지 못한 경험이기 때문에 학습 효과가 부족한 경험이다. 반면에 '하나의 경험'은 듀이에게 있어서는 완전한 경험을 의미하는 것이다. 완전한 경험이란 개성을 지니고 있으며, 통일적 성격으로 전체성을 갖는다. 전체성이란 감정적인 것도, 실제적인 것도, 지적인 것도 아닌, 이들이 통합된 전체를 의미하는 것이다.[17]

지적이면서도 정서적이고, 감정적이고, 실제적인 것들이 내적으로 통합된 총체적 경험, 즉 미학적 질성을 동반하는 지적 활동이 '배움'을 일으키는 경험이 된다는 설명이다. 그렇다면 이 하나의 총체적 경험은 어떻게 학습을 불러일으키는 것일까?

학습자가 능동적으로 현재, 여기서 진행되는 학습 상황에 몰입하

---

17 허영주, 앞의 글, p.178.

게 되면 학습은 발생한다. 그런데 학습자의 능동적 몰입은 학습내용이 전달되는 방식과 내적으로 통합되어 미학적 질성을 동반하였을 경우 가능하다. 미학적 질성을 지닌 학습 상황은 학습자들로 하여 모종의 기대를 불러일으키고, 이 기대감은 계속해서 동기화로 이어지고 집중으로 나타난다.

> 즉 교사의 말의 형태, 태도, 움직임, 목소리의 음색, 글씨, 가르치는 내용의 구조는 그 전체가 교육 매체의 성격을 가지며, 미학적 경험의 대상이 된다. 그리고 좋은 미학적 경험이 될수록… 본질적 흥미, 자아의 몰입, 주의, 집중 등의 현상을 불러일으켜 학습자의 완전한 학습 경험을 유도할 수 있다.[18]

교사의 말의 형태, 태도, 움직임, 음색, 가르치는 내용 구조 등은 그가 가르치고자 하는 학습내용에 대한 동기, 열정, 헌신, 관점 등을 반영한다. 이러한 미학적 질성이 동반되었을 때 학습자들은 기대를 갖고 호기심어린 눈으로 쳐다본다. 그러나 이것이 결여되었을 때, 학습자들의 능동적 몰입을 이끌어 내기 어렵다. 학습자들로 하여 능동적으로 학습 상황에 몰입하게 만드는 것은 학습내용 뿐만 아니라 교사가 이를 다루는 방식이다. 그의 몸짓, 말투, 눈빛, 음색에서 드러나는 학습내용에 대한 교사의 기대, 동기, 상상, 열정은 학습자들을 학습에 참여하도록 유혹하는 지점이다. 한 편의 시를 들려주는 상황에서, 쓰여진 시를 읽어 주는 교사와 그 시를 외워 멈춤과 강약을 사용해서 낭송해주는 교사에게서 학습자들은 다른 학습을 경험한다. 전자에서 학습은 '시'라는 기호에 한정되나, 후자에서 '시'는 '시'라는 텍스

---

18 허영주, 앞의 글, p.180.

트를 넘어 그 '시'를 다루는 '교사' 텍스트까지 확대된다. 시에 매혹된 교사가 읊는 '시'는 시와 교사가 하나로 어우러진 새로운 텍스트가 된다. 학습자들은 무엇이 교사를 저렇게 열정적으로 만들었는지 의아해 하면서도 교사가 시를 읊는 모습에 매료될 것이다. 학습자들은 교사에 의해 시를 느끼고, 시를 통해 교사를 경험하게 된다. '시'는 학습자들의 실제적이고, 정서적이고, 감정적인 부분까지 가 닿는다. 학창시절 첫사랑을 얘기하시던 여 선생님, 낚시를 자랑하시던 남 선생님, 배낭여행을 풀어 놓으시던 영어 선생님, 열정적인 수학 선생님이 기억에 남는 것은 지적인 내용이 감정적이고 정서적이고 실제적인 부분까지 함께 아울렀기 때문이다. 즉 '미학적 질성'을 띠고 있었기 때문이다. 듀이의 표현을 빌리자면, 이는 학습자들에게 '하나의 경험'이 된다.

미학적 질성을 동반하는 학습 방식에 대한 강조는 역설적으로 학습내용에 대한 강조로 이어진다. 왜냐하면 미학적 질성은 교사가 학습내용에 대해 지니고 있는 관점, 태도 등에서 발생하기 때문이다. 학습내용에 대해 얼마만큼 이해하는지, 동의하는지, 가치평가 하는지에 따라 교사가 느끼는 감정적이고 정서적인 부분이 달라진다. "사랑하면 보인다."라는 말처럼, 교사가 학습내용에 대해 열정을 지니고 접근하면 더 넓고 깊게 보게 되고 이는 학습자들에게도 생생하게 전이된다. 그런데 교사의 관점, 태도를 다르게 표현하면 교사의 '마음'이다. 따라서 미학적 질성의 뿌리는 교사의 '마음'에서 나온다고 볼 수 있다. '미학적 질성'을 지닌 교사를 비유적으로 표현하는 말이 '살아 있는 교사'이다. 살아 있는 교사는 무엇을 어떻게 하는가?

살아 있는 교사는 교과를 가르칠 때 언설뿐만 아니라 스타일, 몸짓, 표정 등 온몸을 동원하게 마련이며, 그러한 가운데 언설로는 도저히 표현할 수 없는, 교과 공부를 통하여 형성된 자신의 내면까지 드러내게 되는 것이다. 학생은 교사가 보여주는 이 모든 것을 때로는 부분적으로 때로는 한꺼번에 받아들임으로써 자연스럽게 표현 이전의 교과 또는 그 것에 입문한 교사의 마음을 전수받게 된다. 교사는 문자를 통해서 마음을 전수하는 그 신비로운 일이 가능하도록 해주는, 교육내용의 살아 있는 구현체이다.[19]

이제까지, 학습을 유발하는 '하나의 경험'이 되기 위해서는 경험이 '미학적 질성'을 동반해야 한다는 사실을 살펴보았다. 이와 관련하여 드라마는 미학적 질성의 뿌리인 교사의 관점과 태도의 형성이나 변화에 관여하기보다, 이를 표출하는 방법과 이의 중요성을 환기시키는 면에서 기여한다.

드라마라는 허구세계에 참여하여 역할을 수행하는 교사는 역할의 억양, 음색, 움직임, 눈빛 등을 극적으로 표현한다. 혹은 셀 수 없이 다양한 플롯과 스토리로부터 특정 플롯과 스토리를 선택한다. 이러한 과정드라마의 구성 양식은 교사의 관점과 태도, 즉 '내적 의미 세계' 혹은 '마음'을 선명하게 보여준다. 역할을 맡은 교사가 보여주는 정서적이며 감정적인 소리, 움직임, 눈빛, 분위기 등은 미학적 질성의 집합체로 불릴 수 있을 정도로 극적 경험을 선사한다. 더불어 플롯이나 스토리 구성에서 교사가 선택하는 전개 방식은 교사 자신이 세상을 어떻게 보며, 세상을 어떻게 알고, 어떤 가치를 지니고 있는지를 입체적으로 보여준다.

다른 한편, 과정드라마는 교사가 지니고 있는 '내적 의미 세계' 혹은 '마음'이 학습에서 매우 중요한 부분임을 환기시킨다. 동일한 교

---

19 유한구, 『교육이론과 교육 정책』, 서울: 성경재, 2002, p.264.

육내용과 방법일지라도 교사가 누구냐에 따라, 즉 교사가 지닌 '내적 의미 세계'에 따라 내용과 방법이 다르게 나타나는 현상을 통해 교사가 지닌 관점과 태도의 중요성을 다시 발견하게 한다.

요약하면, 드라마는 의사소통의 매체로서 기호의 역할을 하며, 기호의 구성과 소통을 촉진시킨다. 더불어 드라마는 학습을 가능하게 하는 '미학적 질성'을 부각시킴으로써, 학습에 참여하는 교사나 학습자들의 '내적 의미 세계' 즉 '마음'의 중요성을 환기시킨다. 이렇게 하여, 학습을 가능케 하는 '하나의 경험'의 생성을 돕는다.

III. 의미의 협상에 따른 세 종류의 과정드라마

Ⅱ부에서, 학습에서 기호와 경험의 차원에서 드라마가 본질적으로 필요함을 살펴보았다. 이러한 필요에 대한 실제적 구현체가 과정드라마이다. 교실이라는 제한된 공간과 시간에서 학습과 드라마의 접속이 가장 극대화된 형태가 과정드라마이다. 앞서 1장에서 살펴보았듯이, 과정드라마는 한 편의 경험으로 많은 의미를 구성하게 함으로써, 구성주의가 요구하는 학습을 충실히 구현하고 있다. 그렇다면 이러한 과정드라마를 어떻게 만들 수 있을까?

이 질문에 답하기 위해서 먼저 여러 종류의 과정드라마를 살펴볼 필요가 있다. 앞서 1장에서 소개한 〈배낭을 멘 노인〉 과정드라마는 여러 종류의 과정드라마 중의 하나이므로, 그 밖에 어떤 종류의 과정드라마가 있는지 살펴보아야 한다. 이들 종류에 따라 과정드라마를 구성하는 목적, 구성하는 과정이 달라지므로 이에 대해 먼저 살펴보겠다.

7. 세 종류의 과정드라마: 협상되는 의미에 따른 분류

사회문화적 구성주의를 근간으로 한 과정드라마 접근 방식은 그 의미를 협상하는 데 있어 구조적으로 세 갈래로 나뉜다.

앞서 소개된 〈배낭을 멘 노인〉 과정드라마의 경우, 허구와 현실을 병치해서 놓았을 때 개념적 의미가 생성될 수 있는 구조이다. 학생들의 반응에서 이 과정드라마가 갖는 구조를 확인할 수 있다. 어떤 학생들은 그냥 드라마라는 새로운 방식으로 수업을 하니 참 재미있었다는 수준에서 의미를 구성하였지만 또 어떤 학생들은 할아버지가 너무 불쌍해서 다음 생에는 무거운 배낭을 메지 않는 사람으로 태어났으면 좋겠다고 의미를 구성하였다. 나머지 학생들은 자신들이 할아버지에 대해 편견을 갖고 있음을 깨닫고 현실 생활에서는 편견을 갖지 말아야겠다는 의미를 구성하였다. 학생들이 구성한 의미들을 살펴보면 크게 두 가지로 나뉜다. 드라마로 구성된 허구세계에 대한 해석과 허구와 현실을 병치시켰을 때 발생하는 해석이다. 할아버지가 불쌍하고 더 나은 사람으로 태어나면 좋겠다는 생각이 허구적 드라마 세계에 국한된 의미라면, 편견을 갖지 말아야겠다고 다짐하는 것은 허구적 드라마 세계 너머 현실세계까지 아우르는 의미이다. 이때, 〈배낭을 멘 노인〉 과정드라마에서 발생한 두 가지 의미는 과정드라마가 허용하는 의미들의 종류를 간략하게 보여준다. 과정드라마의 구조에 대한 첫 번째 접근 방식은 허구세계에 한정된 의미 구성을 위해 구조화되는 경우이다. 두 번째 접근 방식은 〈배낭을 멘 노인〉 과정드라마처럼, 드라마적 허구와 현실을 함께 배치시켰을 때 의미가 생성되는 구조이다. 세 번째 접근 방식은, 〈배낭을 멘 노인〉 과정드라마에서는 시도되지 않았다. 그러나 만약 시도된다면, '배낭을 멘 노인'과 관련한 편견이 어디서부터 시작되었고 왜 생성되는지 탐구케 하는 구조다.

〈배낭을 멘 노인〉 과정드라마를 통해 간략히 살펴본 것처럼, 과정드라마는 구성되는 의미에 따라 그 목적과 구성 과정이 달라진다. 구성되고 협상되는 의미의 종류에 따라 달라지는 세 종류의 과정드라마를 상세히 살펴보자.

7.1. 주관적 의미 구성을 위한 과정드라마

주관적 의미 구성을 위한 과정드라마는 의미 구성이 허구세계 경험만으로도 가능한 구조이다. 과정드라마의 에피소드들이 학습자가 주관적으로 의미를 구성할 수 있도록 구조화된 접근 방식이다. 이는 주로 학교 교육과정을 다룰 때 사용하는 방식으로 교육과정에서 다루어야 하는 내용을 드라마적 허구세계 체험으로 제공하여 그 체험만으로 학습자들이 교육과정의 내용을 이해하거나 획득하도록 할 때 사용하는 구조이다.

'세계화를 어떻게 이해할 것인가'를 다루는 사회과 수업을 예를 들어 살펴보자.

1. 2000원으로 살 수 있는 오렌지, 바나나, 참외를 보여준다. 참가자들에게 무엇을 선택할지를 묻는다. 이때 오렌지와 포도, 참외는 원산지가 표기된 것을 준비한다. (이때 대부분 많은 양을 주는 바나나나 오렌지를 선택한다) 싼 가격에 맛있는 과일을 먹을 수 있어서 좋겠다고 말한다. 각각의 과일의 원산지가 어디인지를 묻는다.

2. 비싸서 잘 안 팔리는 과일로 인해 농민들이 어떤 일을 하게 되는지 정지그림으로 보여주세요.

3. 농민들의 고군분투를 지켜보면서 나만의 사업을 해보아야겠다고 결심한 청년 사업가 역할을 참가자들이 할 것이라고 말한다.

4. 카페를 창업하기로 마음먹었습니다. 빚을 안지고 창업할 만큼의 자금을 모았습니다. 먼저 카페는 위치가 가장 중요하다고 합니다. 이 지도에서 카페 위치를 선정해 주세요. (참가자들이 나눠준 지도 위에 카페 위치를 정한다)

5. 카페는 역시 인테리어가 가장 중요하겠죠. 카페 인테리어를 해 주세요.
   (교사가 카페 구획을 주방, 홀의 2개 공간으로 나누어 위치를 정해준다)

6. 가장 좋은 위치에 새로운 콘셉트의 인테리어, 가장 훌륭한 바리스타를 모시고 드디어 개업을 하게 됩니다. 개업 첫날 모습을 각 모둠별로 즉흥극으로 해 봅시다.

7. 첫날 카페를 개업하고 손님을 맞았을 때 어떤 어려움이 있었는지 묻고 어떤 점을 개선할지를 묻는다.

8. 맛있는 커피와 최고 인테리어로 즐비한 여러분의 카페는 번창을 하게 됩니다. 그러던 어느 날, 몇 건물 옆에 대형 외국계 커피점이 들어선다. 손님이 점점 줄게 됩니다. 그래서 옆 가게로 가려는 단골 손님과 이야기를 나눕니다.
   교사가 단골 손님 역할을 한다.

9. 손님은 왜 모든 면에서 우수한 우리 카페를 두고 옆 카페로 가는 걸까요?

10. 카페주인으로서 여러분은 어떤 선택을 할지 정지장면으로 보여주세요.

11. 카페주인으로서의 여러분의 선택과 맨 처음 보았던 농민의 선택을 비교해 봅시다.

12. 학급을 세계화에 찬성하는 팀과 반대하는 팀으로 나누어 찬성하는 이유, 반대하는 이유가 될 만한 장면을 모둠별로 하나씩 만든다.

세계화를 다룬 위의 과정드라마는 세계화의 명과 암을 잘 보여준다. 따라서 이 과정드라마를 경험해본 학습자들은 과정드라마 체험만으로도 그 의미를 생성할 수 있다. 구조 자체가 의미를 생산하는 구조이다. 따라서 학습자들의 의미 구성(authoring) 행위가 중요한 부분을 차지한다. 어떤 의미를 만들었는지 묻고 확인하는 활동이 핵심적이다. 그러다보니 이러한 구조는 체험 후의 반추적(reflective) 사고 활동이 주관적으로 생성한 의미들을 서로 물어보고 확인하는 수준에서 이루어진다.

학교 교육과정을 위한 과정드라마들이 대부분 이에 해당한다.

7.2. 대화적 의미 구성을 위한 과정드라마

두 번째 과정드라마 구조는 대화(dialogue)로 특징지을 수 있다.
대화를 위한 과정드라마에서 학습자들은 자신들과 다른 의미들에 대해 호기심을 갖고 질문을 하고, 의미들이 얼마나 다른지 혹은 어떻게 그런 의미들을 구성하게 되는지 경로를 비교할 수 있다. 이를 통해 학습자들은 하나의 사건에 대해 다양한 해석이 존재할 수 있고, 또한 이러한 해석이 다양한 경로를 통해 구성될 수 있다는 점을 이해하게 된다. 관점에 대한 의미의 다중성(polyphonic vocie)[1]과 의미 발화자에 대한 이해가 두 번째 갈래에 해당한다.

의미의 다중성과 의미 발화자에 대한 이해를 지향하는 과정드라마 구조는 다시 두 가지 구조로 나뉜다. 대화적 탐구와 메탁시스가

---

[1] Edmistion, B., Dialogue and Social Positioning in *Dramatic Inquiry: Creating with Prospero, in Dramatic Interactions in Education: Vygotsky and Sociocultural Approaches to Drama, Education and Research*, London: Bloomsbury, 2015, p.93.

그것이다.

(1) 대화적 탐구

드라마 체험 후에 학습자들이 스스로 자신의 주관적 의미를 구성하고 이를 드러내는 것뿐만 아니라 더 나아가 서로 다른 의미들을 대화를 통해 인식하여, 한 사건에 대한 관점의 다양성, 의미의 다중성을 획득하기도 한다. 이러한 접근 방식은 에드미스턴(Brian Edmiston)의 이론과 실제에서 종종 발견된다. 따라서 대화적 탐구를 위한 과정드라마 구조는 그의 설명을 통해 효과적으로 살펴볼 수 있다.

대화적 탐구에서 대화는 가장 핵심적 지점이다. 여기서 대화는 물리적으로 서로 다른 사람들이 이야기를 나누는 것이 아닌, 바흐친(Bakhtin)적 관점의 대화이다. 바흐친의 대화란, 서로 다른 관점 혹은 의식 세계가 그 의미하는 바를 드러내어 서로 충돌하는 것을 지칭한다. 여기서 중요한 것은 다른 관점들을 드러내는 목소리들이 통합을 향해 나아가지 않는다는 점이다. 어느 하나의 관점을 특권화하여 이를 향해 나아가는 것이 아닌, 각각의 관점들이 서로 서로 "상대화되고, 비특권화되고, 경쟁하게"[2] 되었을 때 대화에 참가한 학생들은 더욱 더 대화에 몰입하면서 참여하게 되고, 상대방에 대한 이해뿐만 아니라 자신들의 의미에까지 변화를 가져온다. 이렇게 대화적 상호작용을 통해 의미의 다중성 이해를 도모하려는 접근을 에드미스턴은 대화적 탐구(dialogic inquiry)라고 지칭하였다.[3]

대화적 탐구는 어느 하나의 사건에 대해 하나의 의미를 구성하는

---

2 Edmiston, B., 앞의 글, p.92.
3 Edmiston, B., 위의 글, p.92.

데서 더 나아가 서로 충돌하는 다중의 의미를 내적으로 혹은 외적으로 구성하여, 그 의미들 사이의 대화 혹은 충돌을 통해 새로운 의미를 구성하는 것을 일컫는다. 이때, 다양한 의미를 구성하는 다중의 목소리는 "내적으로(개인 내부에서) 그리고 외적으로(개인들 간에)"[4] 생성된다고 한다. 이렇게 형성된 다중의 목소리 간의 대화는 좀더 복잡하고 고도화된 수준의 의미를 만든다. 에드미스턴은 사회문화적 상징체계에 대한 비판적 의미 구성도 이러한 대화적 탐구를 통해 가능하다고 말한다. 그러나 그의 일차적 관심은 의미의 다중성에 대한 이해와 서로 다른 의미들 간의 대화를 통한 의미 형성에 있다. 그렇다면 '대화적 탐구'는 어떻게 가능할까? 그는 이것이 "살아 있는 경험"[5]을 통해 촉발된다고 지적한다.

'이해하고 싶은 욕망'을 불러일으키게 하여 '진짜 질문'을 하도록 만드는 것이 '살아 있는 경험'의 기능이라고 설명하면서,[6] 이때 살아 있는 경험들은 현재성(presentness)과 사건성(eventness)의 요소를 지닌다고 말한다. 현재성은 현재 일어나는 일과 앞으로 벌어질 것 같은 혹은 틀림없이 벌어질 일 사이의 긴장으로서 "지금 그리고 촉박한 시간"[7]이라는 느낌을 제공하는 것이고, 사건성은 "두 개 혹은 여러 개의 의식"[8]들, 즉 다중의 의미들이 서로 경쟁하는 상태를 일컫는다. 이 두 가지 요소를 겸비하게 되면 이는 대화적 탐구를 촉발하는 살아 있는 경험이 된다. 이때 이 두 가지 요소를 제공할 수 있는 것이 즉흥적 형태로 진행되는 드라마로서, 대화적 탐구는 결국 드라

---

4 Edmiston, B., 앞의 글, p.92.
5 Edmiston, B., 위의 글, p.83.
6 Edmiston, B., 위의 글, p.83.
7 Edmiston, B., 위의 글, p.88.
8 Edmiston, B., 위의 글, p.89.

마적 탐구(dramatic inquiry) 형태를 띠게 된다고 말한다.

그런데 드라마적 탐구를 통한 대화적 탐구를 구현하는 데 전제되어야 할 두 가지 조건이 있다고 에드미스턴은 말한다.

앞서 설명한 것처럼 대화적 탐구에서 학생들은 진짜 질문을 불러일으켰을 때 대화에 참여하게 되는데, 그렇게 되기 위해서, 질문과 이해는 학생들에 의해 소유되고 주도되어야 한다. 이를 위한 선결조건으로 "학생들로 하여 자신이 아는 것을 분명히 잘 말하게 격려하고, 그들로 하여 해석적 권위를 가지도록 위치시키는"[9] 대화적 포지셔닝(dialogic positioning)이 필요하다. 대화적 포지셔닝은 상호작용의 양상을 대화적 탐구로 이끄는 데 기반이 된다. 한사람이 다른 사람을 포지셔닝하여 서로 가정된 포지션을 받아들이거나 거부하는 과정을 담고 있는 매일 매일의 사회 상호작용처럼, 교실에서도 교사가 학생들을 어떻게 포지셔닝시키는가는 중요한 지점이다. 따라서 대화적 탐구를 위해서 교사가 학생들을 대화적인 형태로 포지셔닝시키는 것이 선행되어야 한다. 특정한 관점, 목소리, 인식을 가졌다고 하여 학생의 생각이나 행위를 교사보다 열등한 것으로 보아서는 안 된다. 학생들의 의식이 그들의 이전의 경험, 가치, 믿음, 가정에서 나왔기 때문에, 서로 대화할 때 학생들의 상황, 말, 행위를 다르게 듣고 평가하는 것이 필요하다. 이러한 대화적 포지셔닝을 구체적으로 구현하기 위해 에드미스턴이 제안하는 것이 학습 공동체(Learning Community)이다. 이때 공동체는 "협동, 친절, 보살피기, 포용하기"[10]의 차원을 지니는 것으로, 구체적으로 "함께 협동하면서 안정과 친절을 기반으로 서로 존중하고 결정하기, 다른 사람을 생각하고 우리

---

9 Edmiston, B., 앞의 글, p.91.
10 Edmiston, B., 위의 글, p.100.

전체 그룹을 보살피기, 서로 돕고 신뢰하기, 다른 사람들을 언제나 돌보기"[11]를 의미한다.

두 번째 조건으로는 사회문화 구성주의의 중요한 요소이기도 한 좀더 복잡한 이해도를 지닌 타인(MKO: More Knowledgable Other)에 대한 필요성이다. 대화적 탐구를 통해 이해를 형성하기 위해서는 좀더 많이 알고 있는 어른이나 동료에 의해 인도되는 것이 필요하다. 그랬을 때 대화에서 한 사람이 다른 이들을 좀더 풍부한 혹은 새로운 의미를 구성하는 데로 안내할 수 있다. 즉 학생들이 이미 발달시킨 특이한 즉흥적 의미를 넘어, 좀더 문화적으로 공유되는 개념적 이해를 발달시키는 것이 필요한데, 이는 이러한 타인에 의해 가능하다는 설명이다. 이때 MKO가 하는 주된 기능은 학습자들과 다른 목소리를 내는 것이다. 즉 대화 참가자들과 다른 생각, 반응을 보임으로써 다루는 주제에 대해 좀더 깊이 있게 탐구하도록 촉발하는 기능을 한다. 다른 생각을 지닌 MKO의 인도나 참여로 대화적 탐구는 깊이를 더할 수 있다.[12]

요약하면 대화적 탐구는 대화적 포지셔닝과 좀더 복잡한 이해도를 지닌 타인(MKO)을 전제 조건으로, 이해하고 싶은 욕망을 불러일으키는 드라마를 체험하고, 이를 통해 내적, 외적으로 서로 다른 관점을 지닌 의미들 간의 상호작용을 통해 다중적 의미를 생성하는 접근 방식으로 정리할 수 있다. 상호작용을 통해 구성되는 의미는 수정, 재구성에 항상 열려 있다. 의미의 다양성, 관점의 다중성 이해와 이들 간의 대화를 통한 계속적인 의미의 재구성이 강조된다.

대화적 탐구를 실제 사례를 통해 살펴보자.

---

11 Edmiston, B., 앞의 글, p.77.
12 Edmiston, B., 위의 글, p.85.

동화책 '슈퍼거북'[13]을 소재로 구성한 '슈퍼거북' 과정드라마는 다음과 같이 진행되었다.

1. 토끼와 거북이 경주 이야기를 정리한다.
   토끼와 거북이가 경주를 하는데 차이가 많이 나자 토끼가 숲속에서 잠이 들어 거북이가 경주에 이긴다.

2. 거북이가 경주에 이기자 기적이 일어났다는 소식이 SNS상에 퍼지게 된다. 거북이는 일약 SNS상의 영웅이 된다. 거북이와 토끼 경주에 관한 글을 SNS상에서 접하게 되었을 때 쓸 수 있는 댓글을 문장이나 이모티콘으로 만들어 본다.

3. 거북이 유명해지고 기자회견이 열린다.
   기자회견 즉흥극
   기자회견장에 어떤 사람들이 올지 학생들에게 물어본다.
   자신이 맡고 싶은 역할을 시트지에 적어 가슴에 붙인다.
   교사가 T.I.R로 거북이가 되어 기자회견 즉흥극을 한다.
   이때 교사는 이제까지 하던 일을 했을 뿐인데 무언가 대단한 것을 성취하여 자신에게 새롭고 거대한 의미를 부여하는 거북이 역할을 한다. 즉 갑작스럽게 우연히 얻어진 것에 의해 새롭게 정체성 형성을 하는 모습을 그린다.

4. 가슴에 붙인 이름표를 떼 역할 밖으로 나와 방금 끝난 기자회견에서 보인 거북이가 어떤 상태인지 학생들에게 묻는다.

5. 거북이가 기자회견을 끝내고 마을로 돌아가게 된다. 마을에 거북이를 환영하는 플래카드가 나부끼는데 그 플래카드에 어떤 글귀들이 써 있는지 모둠별로 만들어 본다. 완성된 후 모둠별로 큰소리로 외치기

6. 자기 마을로 돌아온 거북이는 마을 환영행사도 참석하면서 바쁜 나날을 보내다가,

---

13 유설화, 『슈퍼 거북』, 서울: 책 읽는 곰, 2014.

한가해진 어느 날 마을길을 걷다가 우연히 친구와 맞닥뜨린다.
그 친구는 오래된 죽마고우인데 경주 이후 못 만났던 친구다.
두 사람씩 짝을 지어 이긴 사람이 친구, 진 사람이 거북이 되어 친구가 걸어가는데
거북이가 아는 체하며 대화가 시작되는 즉흥극을 한다.

7. 즉흥극 후 친구들에게 거북이와의 대화가 어떠했는지 묻고 서로 이야기 나눈다.

8. 그리고 시간이 흘러 거북이에게는 어떤 일도 벌어지지 않고 거북이에 대한 이상한
   소문이 돌기 시작한다. 어떤 소문이 돌지 만들어 본다.
   모둠별로 만들어도 되고 다 같이 둥글게 앉아 소문을 나눠본다.

9. 그 소문을 듣고 거북이는 진짜 달리기를 잘하기 위한 연습을 하기 시작한다.
   어떤 연습을 할지 모둠별로 움직이는 동작으로 만들어 본다.

10. 그리고 드디어 토끼가 거북이에게 경주를 신청할거라는 소문이 돈다.
    교사가 우체부가 되어 토끼의 등기우편을 거북이 역할을 맡은 모든 학생들에게,
    한 명 한 명에게 다가가 우편을 받을지 말지를 결정하게 한다.

11. 우편을 받은 사람들과 받지 않은 사람들 양편으로 나누어
    경기 전날 밤 그들이 꾸는 악몽을 동영상으로 만들어 보게 한다.

12. 그리고 경기가 열리는 바로 당일 거북이는 다시 한번 시끄럽게 울려오는 마음의
    소리를 듣습니다.
    경기를 하기로 선택한 거북: 문을 열기 직전 거북이 마음의 소리 듣기
    경기를 하지 않기로 한 거북: 집안에서 서성거리는 거북이 마음의 소리 듣기

대화적 의미 구성을 선명하게 보여준 사례는 성인 4명과 함께한
과정드라마에서였다. '슈퍼거북' 과정드라마를 하고 난 후, 두 명은
토끼의 신청을 받아들여 경주에 나가기로 하고, 나머지 두 명은 나가
지 않기로 결정하였다. 이때 이들은 왜 그런 선택을 하게 되었는지

서로 이야기를 나누게 되었다.

경주 신청을 받아들인 두 명은 불안하게 사느니 경주에 나가서 지는 쪽을 선택한 후 떳떳하게 살겠다고 말한다. 이에 반해 경주에 나가지 않기로 선택한 두 명은 지금 나가게 되면 가진 것을 잃게 되므로 안 가는 쪽을 선택하겠다고 말하였다. 그러면서 좀 찜찜하겠지만, 잃는 것보다는 낫다는 생각이 든다고 말하였다. 그러면서 상대방 2명에게 왜 그렇게 무모한 선택을 하냐고 묻는다. 그러자 나가기로 선택한 두 명은 무모하다기보다 정정당당한 선택을 한 것이라고 대답한다. 갖고 있더라도 불안하게 사는 것보다 떳떳하고 편안하게 사는 것이 좋다고 대답한다.

그러자 가지 않을 것을 선택한 참가자는 모든 것을 잃을 것을 알면서도 선택하는 거냐?라고 재차 되묻는다. 그러면서 어떻게 그런 선택을 할 수 있는지 매우 놀랍다고 말한다. 좀 찜찜하더라도 가진 것을 지키고 사는 편이 낫지 않겠느냐고 반문한다. 만약 자신이라면 토끼가 아니라 치타가 도전하면 응하겠다고, 그러면 적어도 모두 잃지는 않고, 명예라도 남을 것이라고 말한다. 그는 계속해서 어떻게 잃을 것을 알면서도 그런 선택을 할 수 있는지 놀랍다고 말했다. 그러면서, 참가자 중 한 명에게 "나와 같은 과인 줄 알았는데, 아니었네요"와 같은 말을 던지면서, 그런 선택도 있을 수 있다는 사실을 받아들이는 행동을 보여주었다.

그의 이러한 인식의 변화는 하나의 가치체계, 즉 이익을 기준으로 삼아, 어떤 상황에 대해 실리와 무모함으로 해석하는 것 외에 다른 방식의 가치체계가 가능함을 인정하는 과정을 보여준다. 실리뿐만 아니라 가치가 행위의 판단 기준이 될 수 있다는 점을 이해하게 된 것이다. 마찬가지로 가치를 선택했던 사람들도 실리가 가치 기준이 될 수 있다는 점을 발견하게 되었다.

'슈퍼거북' 과정드라마는 서로 다른 주관적 의미들을 드러낸 학습자들이, 주관적 의미 표명을 넘어 다른 의미의 이해 및 수용까지 하는, 즉 대화적 존재(dialogic being)까지 되는 경로를 보여준다. '슈퍼거북' 과정드라마는 '알고 싶은 욕망'을 불러 일으켜 '진짜 질문'을 하도록 촉발하는 '살아 있는 경험'을 제공하였다. "진짜, 모든 것을 잃을 것을 알면서도 선택하는 거냐?"라고 반복적으로 물어보는 참가자의 질문은 '진짜 질문'이 무엇인지 보여준다. 이러한 질문을 통해 서로 다른 관점들을 공유하였다. 하나의 상황에 대해 서로 다른 관점들이 공존할 수 있다는 사실을 발견하였다. 슈퍼거북 과정드라마를 통해 참가자들은 '다른 관점들이 공존한다'는 의미를 내면화하는 대화적 존재가 된다.

대화적 탐구의 또 다른 예는 선녀와 나무꾼 과정드라마이다.

1. 선녀와 나무꾼 이야기가 어떤지 참가자들에게 물어보고 이야기의 큰 줄기를 잡는다.

2. 주요 등장인물을 선정한다. 선녀, 나무꾼, 나무꾼 어머니, 아이들, 사슴.

3. 한 모둠이 3~4명이 되게 모둠을 정한다. 모둠별로 각 등장인물을 맡게 한다. 한 모둠은 선녀, 다른 모둠은 나무꾼, 세 번째 모둠은 어머니, 네 번째 모둠은 아이들, 다섯 번째 모둠은 사슴을 맡게 한다. 이때 참가자가 수가 적으면 한 모둠이 아이들과 사슴 역할을 다 맡아도 된다.

4. 이 인물들이 서로 만나게 된 것은 사슴에 의해서라고 교사가 말하면서, 그러면 사슴이 인물들을 엮기 전에 각 인물들은 어떻게 살았을까? 각 인물들이 일상에서 가장 많이 하며 지냈을 것 같은 활동을 정지장면으로 만들어 본다. 이때 선녀 역할은 좀더 현실적으로 좋은 온천을 찾아다니며 한가로이 노니는 사람으로 정하는 것이 좋다. 사슴도 사슴이라는 애칭을 지닌 쫓기는 사람으로 좀더 현실적인 인물로

바꾸는 것이 좋다.

(정지동작 발표한다. 이때 주안점은 선녀와 나무꾼의 대조적인 삶의 모습이다)

5. 선녀와 나무꾼, 아이들, 나무꾼 어머니는 아이 둘을 낳는 동안 함께 살았다. 대략 6~7년으로 잡는다면 이 기간 동안 각 인물들이 기억하는 가장 행복했던 순간을 정지장면으로 만들어본다.

6. 선녀는 나무꾼이 사는 마을로 들어왔을 때 동네 사람들과 어떤 관계를 맺으며 살았을까? 선녀가 나무꾼 마을로 들어온 지 3개월이 지났을 무렵 빨래터에 모인 아낙들은 어떤 이야기를 나눌지 참가자들이 동네 아낙이 되어 이야기를 한다.

7. 두 사람씩 짝을 지어 한 사람은 선녀, 한 사람은 나무꾼이 되어 즉흥극을 하게 된다.
이때 나무꾼들에게는 평상시처럼 나무를 해다 장에 팔고 집에 들어와 방안에서 쉬는데 선녀가 상을 차려오면 즉흥극이 시작한다고 말한다. 선녀 역을 맡은 사람들에게는 한쪽으로 모이게 한 후, 밥상을 차려 나무꾼에게 가지고 들어가면서 즉흥극이 시작한다고 말해준다. 단 이 밥상은 마지막 밥상이 될 것이라고 말한다. 선녀 날개옷을 본 후 선녀는 이 밥상을 차려준 후 나무꾼이 잠들면 아이들을 데리고 가리라는 결심을 했다고 말해준다. 단 밥상을 차려 들어간 후 서로 이야기하는 과정에서 결정을 바꾸어도 된다고 말한다. 이야기를 다하고 밥상을 들고 나오면 즉흥극은 끝난다고 말한다.

8. 즉흥극 후 서로 대화 나누기

9. 하늘로 올라간 선녀와 아들(포럼연극)
어느덧 시간이 흘러 아들이 사춘기를 맞았는데 엄마와 이야기를 하지 않으려고 한다. 엄마는 아이와 이야기를 하려고 시도하나 아들은 막무가내로 아빠가 계신 곳으로 가겠다고 말한다.

10. 지상에 남아 있는 나무꾼과 어머니(포럼연극)
기다리겠다는 나무꾼과 장가를 가서 호강 한번 해보자는 어머니의 대화.

슈퍼거북 과정드라마가 참가자들 사이의 대화, 즉 참가자들이 서로가 다르게 구성하고 있는 의미의 이해를 위한 대화를 시도한다면, 선녀와 나무꾼 과정드라마는 등장인물들의 관점, 의미의 이해, 즉 참가자와 등장인물 간의 대화를 시도한다. 입장이 대조적인 선녀, 나무꾼, 노모, 자녀들 사이의 대면과 대화를 통해 참가자들은 등장인물들이 자신들의 특정한 상황에 따라 어떻게 의미를 형성하는지 이해하게 된다. 또한 하나의 상황에 대해 등장인물에 따라 해석이 다양하게 변주되는 것을 보면서, 다양한 의미 구성이 가능함을 발견하게 된다. 선녀와 나무꾼 과정드라마는 허구의 인물과 실제의 인물 사이의 대화를 가능케 한다.

(2) 허구와 현실의 대화 – 메탁시스

과정드라마에 참가한 참가자들이 유사한 의미체계를 공유하고 있을 경우, 대화적 탐구를 통한 대화는 불가능하게 된다. 이때 허구적 드라마 세계를 현실과 배치시키면, 그 대비에서 대화가 발생할 수 있다. 드라마라는 매체를 통한 대화이다.

〈배낭을 멘 노인〉 과정드라마를 통해 설명하면 다음과 같다. 이 과정드라마를 체험하고 나서 '할아버지가 불쌍해요'라고 몇몇 학습자들이 의미를 구성했다. 이러한 의미 구성은 허구세계에 한정된 의미 구성이다. 허구세계에 한정되었을 때 나오는 의미 구성은 이렇게 일차적 해석으로 흐르기 쉽다. 감정적 느낌으로 흐르기 쉽다. 개념적 의미 구성이 이루어지기가 쉽지 않다. 그에 반해 '이제부터 다른 사람들에 대해 편견을 갖지 말아야겠다'라고 의미 구성을 한 학습자들의 경우 허구와 현실세계를 병립하는 의미 구성을 하고 있음을 보여준다. 이렇게 허구와 현실을 넘나들며 동시에 인식하는 상태를 메탁시스(metaxis)라고 부른다. 허구세계에 존재하면서 현실세계를 동시에 소환하는 상태, 그리하여 의식 안에 허구와 현실 세계가 동시에 공존하는 상태를 메탁시스라 부른다. 의미가 허구의 경계를 넘어, 참가자 개인과 개인이 속한 현실세계에까지 이르게 되면, 의미 구성은 더 고차원적 수준에서 이루어진다.

메탁시스라는 용어는 허구세계(what if)와 현실세계(what is)의 동시적 배치를 일컫는 말로 보알(Boal)에 의해 처음 제시되었다. 이후 교육연극계에서 과정드라마의 참가자들이 경험하는 '몰입과 거리두기'라는 의식의 동시적 진행을 일컫는 말로 정의되고 있다. 아주 간단하게는 역할 놀이를 하는 아이가 막대기를 검으로 사용할 때, 현실의 막대기와 허구의 검을 둘 다 의식하는 상태가 이에 해당한다.[14]

특히 메탁시스적 상태를 '살아보기 드라마(living through drama)' 형태로 구현한 볼튼(Bolton)은 이에 대해 "동시에 두 개의 세계를 인식하고 있는 고양된 의식 상태"라고 조명하였다.[15] 이렇게 고양된 의식 상태가 되면 허구세계에 대한 몰입과 그 몰입하는 자신을 바라보는 거리두기 의식이 동시에 진행된다. 이때, 거리두기는 현실과 허구 세계 사이의 거리감만큼 만들어지게 된다. 이렇게 되면 허구세계와 현실세계가 첨예하게 조우하고 충돌하게 되는데, 의미는 그러한 허구와 현실의 상호작용에서 발생한다.

메탁시스 상태가 어떻게 발현되는지 중학교 1학년 교실 국어시간에 이루어졌던 '불가구역' 과정드라마 수업을 통해 살펴보겠다.

---

14 Bolton, G., 교실연기란 무엇인가, 김주연·오판진 역, 서울: 연극과인간, 2012, p.155.
15 Bolton, G., *Drama as Education*, Longman, 1984, p.142.

1. (개인 활동) 자신만이 알고 있는 효과를 보았던 공부 비법을 세 가지 이상 써보세요. 유명 학원이나 유명 학원선생님을 추천하는 것보다 아주 사소하지만 자신이 공부할 때나 시험 볼 때 효과적이었던 공부 비법을 적어보아요. 혹은 공부 도중 머리를 식혀, 공부를 도와주는 효과적인 머리 식히기 방법을 적어보아요.

2. (모둠 활동) 각자 적은 공부 비법을 죽 펼쳐 놓아요(공부 비법이 적힌 종이를 책상 위에 죽 늘어 놓게 한다).

3. (모둠 활동) 다른 학생들이 적은 공부 비법을 죽 읽어보면서 자기에게 효과적일 것 같은 공부 비법을 두 개 이상 찾아보세요. 가장 많이 선택받은 공부 방법을 칠판에 써주세요.

4. (전체 활동) 칠판에 붙여진 공부 방법들 중에서 아까 찾은 두 개보다 더 효과적일 것 같은 방법들이 있는지 찾아보세요. (학생들에게 종이와 색연필을 나눠주며) 자 이제 여러분은 이 공부 비법을 적용해서 다음 중간고사를 준비하려고 합니다. 나눠준 종이에 자신이 고른 공부 비법을 써서 멋있게 꾸민 뒤 책상 앞 벽에 붙인다는 느낌으로 각자 책상에 붙여 봅시다.

5. 각자 자신이 종이를 붙인 벽 앞에 서서 종이를 바라보세요. 어떤 생각이 드는지 단어나 문장 하나로 말해보세요

6. 자 이제부터 드라마를 시작하려고 합니다. 이 드라마에서 여러분은 지금 여러분이 한 것과 같이 공부를 열심히 하려는 학생 역할을 할 거예요. 좀 있으면 중간고사가 있고 이제까지 두 번의 시험을 치렀으며 새로운 공부 비법을 적용해 중간고사를 잘 보려고 결심한 학생들 역할이에요. 어때요? 이러한 학생 역할을 한번 해볼래요? 그런데 여러분은 불가구역에 사는 학생들입니다. 불가구역이란 아무리 공부를 잘하고 열심히 해도 대학입학자격시험을 볼 수 있는 자격이 주어지지 않는 구역을 일컫습니다. 여러분은 아무리 공부를 열심히 하고 잘해도 내후년에 여러분 또래들이 치르는 대학입학자격시험 자격이 주어지지 않습니다. 일단 이 구역에 들어온 이상 전학을 갈 수도 없습니다. 언제부터 이 구역이 불가구역이 되었는지 이지역 어른들은 알지 못합니다. 다만 오래전부터 그래 왔다는 것뿐, 언제부터 왜

그렇게 되었는지 아무도 모릅니다. 다만 법으로 그렇게 정해져 있다는 사실만을 알뿐입니다.

7. 지난 시간에 여러분은 어떤 드라마의 세계로 들어왔나요. (지난 시간에 한 내용 다시 한번 확인하기) 네, 여러분은 아무리 공부를 열심히 해도 대학에 가는 시험에 응모할 수 없습니다. 대학입학자격시험을 볼 수 없는 불가구역에 살기 때문입니다. 지난 시간에 시험 성적이 잘 나오게 할 수 있는 방법까지 고민하며 여러분은 공부를 열심히 할 생각을 하지만 이 모든 것들이 부질없습니다. 이렇게 생각이 미치자 이 지역으로 이사와 대학도 못 가게 만든 불행을 안겨준 엄마를 원망하게 되고 엄마에게 마구 대들고 싶은 생각이 듭니다. 먼저 엄마에게 하고 싶은 말이나 질문을 종이에 적어 봅시다.

8. 자, 이제 여러분은 여러분의 엄마를 만날 겁니다. 엄마는 여느 때와 다름없이 학교에서 돌아오는 여러분을 반갑게 맞이합니다. 하지만 여러분은 다른 때와 다르게 엄마에 대한 원망이 그 어느 때보다 큽니다. 여기 계신 선생님이 여러분의 엄마 역할을 할 것이고 여러분 모두는 이 엄마의 자녀 역할을 동시에 할 것입니다. 이 선생님께서 의자에 앉으면 바로 드라마는 시작합니다. 당황하지 마시고 선생님이 의자에 앉아 엄마 역할을 시작하자마자 여러분도 자녀 역할을 즉흥적으로 하시면 됩니다. 아까 여러분이 종이에 썼던 하고 싶은 말이나 질문을 하세요(의자를 학생들 가운데 놓는다).

> 현실 안주형 인간으로 자녀에게 공부를 하지 말고 인생을 적당히 즐기며 살라고 말한다. 불가구역 밖의 학생들이 불쌍하다고 말하며 그들이 공부에 저당 잡힌 불쌍한 인생이라고 말한다. 세끼 밥 먹고 살 수 있으면 그게 행복이라고 말한다. 비같은 위험으로 가득하며 탈출하겠다고 하는 학생들이 세상 물정 모르는 어린 아이라고 혀를 찬다. 불만이 있더라도 아버지에게 절대로 얘기해서는 안 된다고 말한다. 그러면 큰일 난다고 얘기한다.

[아이들이 엄마와의 대화에 답답함을 느낄 때쯤 엄마 역할을 하는 교사가 스스로 중지한다]

9. 이번에 여러분은 불가구역 바깥에 사는 여러분의 사촌을 만날 겁니다. 사촌은 불가 구역에 사는 여러분 댁에 오랜만에 놀러왔습니다. 선생님이 불가구역 바깥에 사는 사촌형 역할을 합니다. 이 사촌은 여러분이 대학입학자격시험을 보지 않는다는 사실을 무척 부러워합니다. 선생님이 의자에 앉으면 여러분은 자연스럽게 불가구 역에 사는 사촌동생 역할을 동시에 하세요.

사촌형은 시종일관 부럽다는 말을 한다. 지긋지긋한 공부를 안 해도 되니 참으로 부럽다고 말한다.

〔아이들이 사촌형과의 대화에서 강렬한 감정을 표출할 때 사촌형 역할을 하는 교사가 스스로 중지한다〕

10. 어머니, 사촌과의 즉흥극에서 어떤 생각이 떠올랐는지 정지동작으로 만들어 보고 그 정지동작에 맞는 제목도 생각해보세요. 짝끼리 서로 정지동작 보여주고 제목 맞히기를 해보세요. 두 명씩 모든 반 친구들에게 정지동작 소개하기. 정지동작의 타이틀은 칠판에 적는다.

홍길동전을 모티브로 한 '불가구역' 과정드라마를 체험하고 난후, 학생들은 '아버지를 아버지라 부르지 못하는 서러움(12명의 응답), 불가구역으로 인해 홍길동의 상황이 이해됨(5명의 응답), 내가 나이지 못하고 무언가에 의해 억압되어진 이 불가구역을 통해 홍길동전에서 아버지와 형을 아버지와 형으로 부르지 못하는 답답하고 억울한 마음이 와 닿음(8명의 응답), 홍길동전의 모든 게 이해가 됨(9명의 응답), 서자라는 처지가 이해가 됨(2명의 응답), 신분사회가 이해됨(5명의 응답), 하고 싶은 걸 하지 못하는 상황이 잘 이해가 됨(2명의 응답), 직접 드라마를 해보니까 하고 싶어도 제한되는 답답하고 슬픈 기분이 들어서 홍길동전의 내용을 잘 이해가 됨(1명의 응답), 홍길동이 집을 나서며 새로운 삶을 위해 나가는 기분이 이해됨(3명의 응답)'과 같은 의미를 구성하였다.[16] 학습자들이 구성한 이와 같은 의미들은 허구세계에 대한 의미들이다. 그런데 이러한 허구세계에 대한 의미 구성은 반추적(reflective) 활동을 할 때 그들에게 암묵적으로 요구되는 거리두기로부터 발생한다. 반추적으로 허구세계에 대한 경험을 의미 구성할 때, 그들은 자동적으로 현실세계로 돌아가고 되고, 그럼으로써 허구세계와 거리두기(distancing)를 하게 된다. 신분사회가 아니고, 서자가 아니며, 하고 싶은 것을 억제당하지 않는 그들의 현실세계로부터 자신들이 겪은 '불가구역'이라는 허구세계를 거리를 두고 보게 된다. 그렇게 해서 위에서 응답한 학생들의 허구세계에 대한 의미는 발생한다. 이렇게 허구와 현실의 동시적 공존상태인 메탁시스는 이러한 양상으로 의미를 생산한다. 만약 학습자들이 허구와 현실을 동시에 의식하지 못한 채 허구세계 안에만 존재하게 되면, 그들은 엄마와 대화할 때 기분이 좋다라든가 기분이 나쁘다든가 혹은 사촌형은 잘난 척한다 등의 의미를 만들어 냈을 것이다.

따라서 위의 학습자들의 반응은 학습자들이 메탁시스 상태를 경험했다는 것을 보여준다.

그런데 앞서 학습자들이 구성한 의미가 현실세계에 기대어 허구세계와의 거리두기를 통한 허구세계에 대한 의미 구성이라면, 허구세계에 기대어 현실세계와 거리두기를 통한 의미 구성도 가능하다. 예를 들어 "사실 이제껏 왜 공부해야 하는지 몰랐다. 억지로 한 거 같았는데, 이 드라마를 통해 공부한다는 것 자체를 감사하게 여기게 되었다. 공부를 하고 싶어도 못하는 사람들이 있다는 것을 깨닫게 되었다"; "지금 내가 얼마나 행복한지 알게 해주었다"; "막상 생각을 하지 말아야 한다고 하니 생각을 해야겠구나 깨닫게 되었다"[17] 이와

16 김주연, 「드라마의 교육 방법적 활용방안모색 - 과정드라마를 통한 개념 탐구」, 『드라마연구』 제38호(통합 제16권), 2012, pp.81-109.

같은 의미 구성은 학습자들이 현실세계를 허구세계의 관점에서 바라보았을 때 가능하다. 즉 허구세계 경험을 통해 현실세계를 낯설게 봄으로써 이루어진 것이다. 메탁시스 상태는 허구세계에 대한 의미 구성뿐만 아니라 낯설게 보기 과정을 통해 현실세계에 대한 새로운 의미 구성까지도 가능하게 한다.

이처럼, 허구세계를 본질로 하는 드라마는 그 매체적 특성으로 인해 현실과 허구세계를 동시에 공존시키는 메탁시스 상태를 불러와 허구와 현실의 충돌을 통한 의미 생산을 가능하게 한다. 현실세계에 기반한 허구세계에 대한 해석 그리고 허구에 기반한 현실세계에 대한 낯설게 보기가 의미들이 구성되는 통로이다.

7.3. 비판적 의미 구성을 위한 과정드라마 – 드라마 이벤트

그런데 이러한 메탁시스 상태에서의 의미 구성은 자칫 학습자들이 지니고 있는 현실세계의 상징체계에 전적으로 의존해서 이뤄질 가능성이 크다. 즉 현실세계 상징체계 자체에 대한 비판적 인식에까지 이르지 못할 수 있다.

예를 들어, 위에서 다룬 '불가구역' 과정드라마에서 학습자들은 현실세계의 상징체계에 의지해 허구세계가 지니고 있는 억압 체제의 비합리성을 인식하여 의미를 생산하였다. 그러나 허구세계 관점에서 현실세계를 낯설게 보고 의미를 생산하는 과정에서 그들은 현실세계가 제공하는 상징체계를 벗어나지 못하였다.

앞서 소개한 학습자들의 현실세계에 대한 생각을 다시 살펴보자. "사실 이제껏 왜 공부해야 하는지 몰랐다. 억지로 한 거 같았는데

---

17 김주연, 앞의 글, pp.102-103.

이 드라마를 통해 공부한다는 것 자체를 감사하게 여기게 되었다. 공부를 하고 싶어도 못하는 사람들이 있다는 것을 깨닫게 되었다."와 같은 생각은 학생들이 공부를 허락하는 현실세계를 긍정하고 있음을 보여준다. 그들이 거주하는 현실세계에서 '공부는 해야만 하고, 잘하면 좋은 것'이라는 상징체계가 작동한다. 그래서 이러한 상징체계를 빌려와 허구세계를 해석하고 이는 다시 현실세계의 해석으로 이어졌다. 이 과정에서 공부와 관련한 현실세계의 상징체계는 기준점처럼 작동하여, 공부에 대한 비판적 시각은 생성되지 않았다. 사실 학생들이 거주하고 있는 현실세계는 입시제도라는 억압으로 적극적으로 긍정할만한 세계가 아니다. 불가구역의 억압처럼 거의 강요, 강제의 수준으로 군림하고 있다. 그런데도 학생들은 왜 허구세계에서 겪은 불가구역의 억압을 현실세계의 공부에 대한 억압으로 연결시키지 못한 것일까?

학습자들이 비록 서로 대비되는 허구와 현실의 세계를 경험했다고 할지라도, 그들이 이 두 세계를 해석할 때 사용하는 의미체계를 현실세계에서 가져오기 때문이다. 이는 메탁시스적 상태가 비판적 의미까지 포용하지 못할 수 있음을 보여준다. 이에 대해 데이비스는 메탁시스 상태를 지향하는 과정드라마들이 비록 참가자들을 드라마적 허구세계에 직접적이고 즉각적으로 존재하게 하지만, "참가자들은 여전히 그들의 지배적 이데올로기(dominant ideology)에 사로잡혀 있다."[18]라고 지적한다.

그런데 만약 학생들에게 다음과 같은 질문을 던지면 어떠할까? "불가구역 학생들은 공부만 안하고 하고 싶은 걸 하면서 살 수 있어요. 현실의 여러분은 공부만 하면, 하고 싶은 걸 하면서 살 수 있어

---

18 Davis, D., *Imagining the Real*, London: Trentham Books, 2014, p.132.

요. 그럼 누가 더 행복한 걸까요?" 혹은 "공부를 하지 말라고 하는 불가구역의 엄마와 공부를 하라고 하는 현실의 여러분의 엄마는 같은 행동을 하는 걸까요, 아니면 다른 행동을 하는 걸까요?"[19]와 같은 질문을 교사가 던지게 되면 어떻게 될까?

마찬가지로, 앞서 소개한 '슈퍼거북' 과정드라마에서, 토끼의 경주 신청을 피했던 거북이들이 나중에는, 피할 도리 없이 경주를 하게 되었다고 가정해 보자. 이때 교사가 "그런데 거북이가 경주를 하려고 산 위로 올라갔는데, 갑자기 경주 장소가 공사로 인해 전부 차단되어서, 토끼와 거북이는 결국 강에서 경주를 할 수밖에 없게 되었다면, 여러분은 어떻게 할래요?"라고 질문을 던지면 어떨까? "단 거북이는 자신이 물에서 헤엄을 잘 치는지는 모르고 있어요. 아주 오랫동안 땅에서만 경주를 해 보았기 때문에 그 사실을 모릅니다."라고 단서를 붙이면서.

이렇게 되면, 그렇잖아도 피하고 싶은 경주였으므로 토끼 측의 준비 과실을 빌미로 거북이는 한사코 경주를 미루려고 할 것이라는 대답이 지배적일 것이다. 누구보다도 마음껏 능력을 펼칠 수 있는 강 앞에서 거북이는 왜 이런 선택을 할 가능성이 높은 것일까? 강 앞에서 헤엄치기를 포기하는 거북의 선택은 역설적이다. 거북이 역할을 맡은 참가자들은 그들이 왜 이런 선택을 하게 되는지 되돌아보게 될 것이다. 자신들 선택의 기준인 자신들의 가치체계를 반추적으로 숙고하게 될 것이다.

마찬가지로 이러한 질문은 배낭을 멘 노인의 경우에도 가능하다.

먹을 때도 잘 때도 배낭을 메고 있는 노인을 보며, 배낭 안에 뭔가 값진 것이 있을 거라고 여긴 생각이 어디서부터 비롯되었을까? 같은

---

19 김주연, 앞의 글, p.103.

질문은 참가자들에게 그들이 지닌 의미를 반추적으로 바라보게 한다. 이때 학습자들은 그들이 공통으로 지닌 상징 및 가치 체계의 실체를 파악하고, 그것이 자신들의 주관적 의미 구성에 영향을 끼치고 있음을 발견하게 된다. 더 나아가 개인의 의미 구성에 개인들이 속한 사회의 상징체계가 지대한 영향을 끼치고 있음을 파악하여, 자신들의 의미 구성에 대해 비판적으로 바라보게 된다. 즉 자신들이 구성한 주관적 의미에 대해 비판적 시각으로 바라보고 이를 통해 구성한 의미가 세 번째 종류의 과정드라마가 된다.

홍길동전, 슈퍼 거북, 〈배낭을 멘 노인〉 과정드라마에서 교사가 던질 수 있는 이와 같은 질문들의 특징은 참가자들이 지니고 있는 가치체계, 상징체계를 낯설게 바라보게 만든다는 점이다. 배낭을 멘 노인의 마을 사람들처럼, 자신도 모르게 현실세계로부터 가져온 가치체계, 기호체계, 상징체계들이 자신의 생각, 느낌, 감정, 행위 안에서 작동하고 있다는 사실을 발견하는 것이다. 현실세계로부터 무의식적으로 받아들인 상징체계가 낯설게 경험되는 것은 현실세계의 상징체계가 이러한 질문들에 대해 제대로 작동하지 않기 때문이다. 이러한 질문들에 대한 대답은 허구와 현실을 모두 포함할 수 있는 한 차원 높은 수준의 개념적 이해를 요구한다. 예를 들어, '불가구역의 엄마와 현실의 엄마는 같은 행위를 하는 걸까요? 아니면 다른 행위를 하는 걸까요?'라는 질문에 대해 같은 행위를 하는 것이라고 대답한다면, 어떤 의미에서 두 사람이 같은지에 대해 설명할 수 있어야 한다. 사회체계가 요구하는 질서를 그대로 자녀들에게 강요한다는 측면에서 비록 행위는 정반대일지언정 내용상 같다고 설명할 수 있다. 여기에 이르게 되면, 학습자들은 자신들과 사회체계 혹은 사회질서와의 관계를 비판적으로 바라보게 된다. 이러한 대답은 '엄마가 허용적이다', '억압적이다'와 같이 개인의 태도에 집중하는 일차원적 해석으로부터 '개인과 사회와의 관계'라는 비판적, 입체적 관점으로 이동했을 때 가능하다.

이렇게 획득하는 비판적 의미는 대화적 탐구나 메탁시스적 과정 드라마가 실행된 후 교사의 심층적 개입이 이뤄질 때 가능하다. 참 가자들이 지닌 주관적 의미에 들어 있는 사회, 정치, 문화, 경제적 의미까지 발견하게 하는 과정은 교사의 적극적 개입을 요구한다.

그런데 교사의 적극적 개입에 의해 생성되는 상징체계에 대한 비판적 의미 구성이 교사의 개입이 적극적이지 않더라도 과정드라마 구조 자체에 의해서도 가능하다.

데이비스가 추구하는 드라마 이벤트(drama event)가 이에 해당한다. 상징체계에 대한 비판적 의미를 요구하는 과정드라마 구조를 데이비스는 본드(Bond)에게서 빌려온다. 데이비스는 본드가 제시하는 비판적 의미의 생성이 상상과 이성의 관계에서 비롯된다고 말한다.

연극은 겉보기에 별로 대수롭지 않은 사건들 혹은 누가 봐도 중요한 사건들 안에서 작동하는 상상을 드라마화한다. 드라마는 가르치는 것이 아니다. 드라마는 대면하게 하고, 당혹하게 하여, 상상이 새로운 현실을 만들어 내도록 부추긴다. 이러한 대면이 사람들로 하여 더 강렬하게 반응하게 하는데, 그때 사람들은 자신들이 한 반응에 대해 반드시 책임을 져야 한다. 그 반응에 대해 권위자에게 묻거나, 권위자를 따를 수 없다.[20]

본드의 이러한 주장은 상상과 이성의 이중구조로 이루어지는 드라마 이벤트를 간결하게 설명한다. 본드는 사회의 힘들, 이데올로기

---

20 Davis, D., 앞의 책, p.134.

들, 영향력을 행사하는 것들이 개인적, 사회적 관계를 어떻게 맺고 행사하는가에 대한 우리의 생각을 지배하고 있다고 지적한다. 다시 말해, 한 사회의 지배적 의미체계, 상징체계는 그 사회 구성원들의 의식을 지배하여, 이성마저 상징체계 내에서 작동하게 하고, 상상마저 상징체계의 규칙을 따르도록 만든다고 주장한다. 다시 말해 상징체계의 내면화, 상징체계에 따른 이성적 사고, 그리고 상징체계 내에서의 상상의 작동이라는 순서를 만들어 낸다고 지적한다. 이렇게 상상보다 이성이 먼저 작동하는 흐름에서 새로운 세계와 새로운 자아 창조는 불가능하다고 말한다. 그것은 지배적인 상징체계의 지속적인 지배를 허용하게 된다고 말한다. 그는 드라마가 우리가 누구인지 묻는 질문을 던질 수 있도록 즉 자신을 새롭게 창조할 수 있도록 하는 문을 열어야 한다고 지적한다. 그러기 위해서 상상이 이성에 선행해야 한다고 말한다. 상징체계에 오염된 이성의 시나리오에 기반한 상상이 아닌, 시나리오가 불가능한 상상을 불러 일깨워야 하는 것이 연극이라고 한다. 이성에서 상상으로 진행하던 흐름을 상상에서 이성으로 흐르도록 흐름의 방향을 전복시키는 것이 연극이라고 주장한다. 데이비스는 본드의 상상에 대한 요구는 관객이 객체가 아닌 주체가 되도록 하는 경험을 제공한다고 말한다. 의미를 상징체계에서 빌려 사용하는 존재가 아닌 스스로 "의미의 창조자(creators of meaning)"[21]가 되도록 하는 경험을 제공한다고 설명한다.

데이비스는 상상과 이성에 대한 흐름의 전복이 비판적 의미를 구성하는 데 있어 필수 요소라고 본다. 그는 과정드라마 안에 배치되는 이러한 상상과 이성의 흐름이 바뀌는 순간을 드라마 이벤트라고 명명하였다. 다시 말해, 드라마 이벤트는 여러 층위의 의미를 불러와

---

21 Davis, D., 앞의 책, p.138.

탐구하게 만드는 드라마적 상황이다.[22]

데이비스가 밝힌 드라마 이벤트를 앞서 소개한 〈배낭을 멘 노인〉 과정드라마를 통해 살펴보자.

〈배낭을 멘 노인〉에서 드라마 이벤트는 배낭 안에서 돌들이 나오는 순간이다. 이 순간까지, 노인이 배낭 안에 값진 것을 숨기고 있다는 의미체계는 참가자들의 이성에 기대어 순탄하게 작동하였다. 그런데 이 순간, 이성은 흔들리고 상상이 요동치기 시작한다. 바로 이성과 상상의 흐름이 바뀌게 되는 순간이다. 이제까지 상징체계에 의존해 전개되었던 노인에 대한 상상들이 돌의 출현으로 부서진 것이다. 이때부터 상상은 어떠한 상징체계에도 기대지 않고 스스로 의미를 선택하거나 혹은 만들어 가야 한다. 이제 상상은 여러 의미들을 가져다가 그림을 그리기 시작한다. 상상이 이성에 우선하게 된다. 이성은 상상을 이끌지 못하고 상상 옆에서 돕거나 상상을 조력하는 역할을 하게 된다. '도대체 왜 노인은 배낭 안에 무거운 돌들을 넣고 다닌 것일까?' 이제부터 상상은 가능한 시나리오를 모두 펼쳐 보인다. '다른 사람이 위협할 때를 대비해서 돌을 들고 다니나? 아니야, 그러면 밥 먹을 때나 잘 때는 배낭을 벗어도 되는데' '그러면, 묘기를 보여주기 위해서 지니고 다니는 걸까? 아니야, 그것도 말이 안 돼' '그러면, 떼려야 뗄 수 없는 관계란 얘기인데…' '그게 없으면 숨을 쉴 수 없나?' 가능한 의미들을 탐구하게 되고, 탐구 가능한 의미들을 모두 소환한다. 그러나 현실의 상징체계에서 불러온 의미들은 '드라마 이벤트'에서 더 이상 작동하지 않는다. 이제 개인들은 스스로 의미를 창조해야 한다.

이렇게 상상이 이성에서 벗어나는 순간 그리고 의미를 새롭게 만

---

22 Davis, D., 앞의 책, p.65.

들어야 하는 순간이 '드라마 이벤트'이다.

드라마 이벤트의 예는 다른 과정드라마에서도 찾아 볼 수 있다. '느티나무집'이라는 과정드라마다.[23]

1. 지역신문 광고란 하단에 "내일 저녁 6시부터 그 다음날 아침 6시까지 우리 집에 머무르는 사람들에게는 100만 원을 지급합니다. 이 제안에 관심 있으신 분들은 느티나무집으로 오늘 오후 4시까지 오십시오"라는 광고가 실린다.

2. 여러분은 이 광고에 흥미를 보이는 100만 원이 필요한 사람 역할을 하도록 하겠습니다. 각자 100만 원이 필요한 상황을 만들어 보세요.

3. 이 광고에 흥미를 보인 사람들이 느티나무집에 모였다. 느티나무집 주인은 이 집에 관한 흉흉한 소문이 나서 집을 팔 수 없다고 말한다. 오래된 고택이고, 고택이다 보니 느티나무도 100년이 지났고, 고풍스러운 집이라고 소개한다. 전에 살던 세입자 이후론 소문이 들어 세입자가 안 들어온다. 저는 이 집의 원래 주인인 할아버지의 손녀딸이다. 할아버지가 돌아가시고 우리 집은 이 집에서 살지 않고 세만 주었다. 세입자가 죽긴 하였으나 그냥 병으로 죽은 걸로 안다. 소문에는 예전에 할아버지 생전 어린 몸종들이 느티나무에 목매달았네, 우물에 빠져 죽었네 했지만, 자세하게는 나도 잘 모른다. 그냥 몸종들이 여럿 있었다고 하는데, 그냥 어느 날 다들 가출했다고 한다. 행실이 안 좋고, 먹여주고 입혀줬는데 고마워할 줄 모르고… 제가 듣기로는 아주 안 좋은 분들이었던 것 같다.

4. 두 명씩 한조가 되어, 한 명은 마을사람, 한 명은 지원자가 되어 지원자가 마을사람에게 이 집에 관한 소문을 얘기한다.

5. 지원자들끼리 들은 이야기를 말한다. 서로 말이 달라 가장 믿을 만한 이야기를 들을 만한 곳이 어디인지를 찾아간다. 경찰서장을 찾아간다.

---

23 세실리 오닐(Cecily O'Neill)의 *Drama Worlds*(1985)에 나오는 과정드라마를 모티브로 삼았다.

6. 경찰서장은 공무원으로서 책임지지 않을 말과 행동은 하지 않는다.

7. 다음날 6시가 되어 느티나무집에 모인다. 집주인은 계약 사항을 말하고 지금이라도 안할 사람은 돌아가라고 말한다. 계약서에 사인한다.

계 약 서

계약자 갑(김말순)과 을 (   )은 상기 내용을 지킬 것을 계약합니다.

1. 을이 계약서 작성 당일 저녁 6시부터 다음날 아침 6시까지 12시간 동안 집안에 머무를 시 다음날 아침 6시 30분까지 갑은 100만 원을 지급한다.

2. 을이 12시간 전에 집을 나가게 되면 갑은 100만 원을 지급하지 않는다.

3. 을은 항후 100만 원을 받고 각자의 생활터전으로 돌아간 뒤에 갑의 집의 안전유무를 묻는 질문 외에 어떤 질문에도 답을 하지 않는다. 만약 대답을 하거나 말을 할 경우 100만 원을 다시 갑에게 돌려준다.

4. 을이 12시간 동안 갑의 집에 머무르는 동안 안전을 위한 보험에 든다.

계약자 갑 (김말순   )

을 (   )

---

8. 밤 12시쯤, 죽은 몸종들의 친척이라고 하는 사람들이 돌을 던지며 들어온다. 이들과 실랑이를 벌인다. 집주인이 들어와 이들을 끌고 나간다.

아침 6시가 되자 집주인은 사람들에게 이미 송금됐다고 말한다. 집주인은 그제야 할머니들의 친척들이 할머니들의 죽음과 관련하여 줄기차게 문제제기를 해 왔다는 사실을 말한다.

이제사 골치 아픈 문제를 떨쳐 내게 되어서 다행이라고 말한다.

9. 이후 돈을 받고 돌아간 지원자들은 어떤 생각을 할까요?

10. 그 후 마을 지역신문에 새로운 집주인이 우물을 없애려고 공사를 하다가 오래된 유골 2구를 발견하게 되었다고 기사가 납니다. 그리고 유골에 깊이 패인 자국들이 발견되었다고 합니다.

> 이 지역의 오래된 건물로서 '느티나무집'으로 불리던 고택이 지난달 새 주인을 맞아 리모델링에 들어갔다. 리모델링 과정에서 느티나무 옆 우물을 없애는 과정에서 오래전 사망한 것으로 보이는 백골 2구를 발견했다. 오랫동안 고택 내 친척의 실종을 제기했던 후손들은 억울하게 죽임을 당한 자신들의 선조라고 주장하고 있으나, 경찰은 유전자 검사 결과에서 사인 불분명과 오래된 뼈 감정물의 손상으로 인한 유전자형 불검출 소견을 밝혔다.

이 과정드라마의 드라마 이벤트는 8번째부터 배치된 에피소드들에서 작동한다. 집으로 난입해 들어온 사람들과의 충돌 장면은 하룻밤 집에 있기로 한 사람들을 혼란에 빠뜨린다. 충돌 장면에서 혼란에 빠진 이들은 난입한 사람들이 귀신인지 사람인지 묻는다. 그리고 왜 난입해 들어왔으며 무슨 일이냐고 묻는다. 자신들은 아무 잘못이 없다고 말하기도 하고 우리가 무엇을 해주어야 하느냐고 묻기도 한다. 그렇게 혼란스러운 상황 속에서 참가자들은 다양한 차원의 의미들을 가져다가 구성하려는 시도를 한다. 그 후 집주인이 난입한 사람들을 밖으로 쫓아낸 후 들어왔을 때 그들이 혼란스러운 가운데 구성한 의미들을 내비친다. 아무도 들어오지 않는다더니 이게 무슨 일이냐고, 더 돈을 청구하겠다. 혹은 그들이 누구인데 그렇게 행패를 부리는 거냐, 사연이 있는 거 같은데 지난번 말씀하신 것처럼 진짜 살인사건이 있었던 것이 아니냐와 같은 질문들은 그들이 구성한 의미의 층위를 보여준다. 이후, 참가자들은 각자가 구성한 의미에 따라 다음의 행동을 결정한다. 어떤 참가자는 돈을 더 청구하고, 또 어떤 참가자는 왠지 불길하다면서 집을 그냥 나가버린다던가, 혹은 어떤 참가자는 얼마 안 남았으니 그냥 있자든가 하는 선택을 할 수 있다.

한밤중 낯선 사람의 침입과 충돌은 돈을 위해 집에 머물기로 한 사람들의 의미체계를 흔드는 사건이다. 참가자들은 자신들이 지닌 의미체계를 계속 가져갈 것인지, 아니면 이를 해체시킬 것인지 선택해야 하는 혼란스러우면서도 결정적인 상황에 놓였다. 어떤 참가자들은 기존의 의미체계를 고수하기로 하고, 또 어떤 참가자들은 이를 포기하기로 한다.

그 후 집에 남아 있던 사람들은 돈을 받고 그 돈으로 원하는 것을 하게 되지만, 중간에 집을 나간 사람들은 빈손으로 남는다. 이후에 이어지는 신문기사 에피소드는 자신들이 결정적 순간에 구성했던 의미들을 비판적 시각으로 바라보게 한다. '그 집에서 내가 무엇을 했는가? 내가 추구했던 가치가 무엇이었던가? 추구했던 가치가 옳은 것이었던가? 혹시 잘못 생각한 부분들이 있던가? 있었다면 어디서부터 잘못된 것인가? 내 판단의 정체가 무엇일까?' 자신이 구성한 의미를 거리를 두고 바라보게 만든다. 이러한 질문은 기존에 지녔던 가치체계, 상징체계에 대한 비판적 해석을 낳게 만든다.

이러한 해석을 통해 구성되는 의미가 바로 드라마 이벤트에서 가능한 비판적 의미에 해당한다.

이제까지 협상되는 의미들의 종류에 따라 과정드라마가 세 종류로 나뉘고 있음을 살펴보았다.

첫째는 학습자들의 주관적 의미 구성을 드러내는 수준이다. 이는 드라마 체험을 통해 개인 스스로 의미를 구축하는 저작성(authoring)을 우선할 때 가능한 의미 구성 수준이다. 이때 학습자들은 자신들의 의미를 적극적으로 구성하여 다른 학습자들에게 표현하도록 격려받는다. 학습자들이 구성한 의미를 들으며 각자 어떤 의미를 구성했고, 의미에 차이점이나 공통점이 있음을 확인하는 수준에서 의미 구성은 멈춘다.

둘째, 학습자들 사이의 의미의 차이와 유사점에 관해 탐구함으로써 의미의 다중성을 이해하는 차원의 의미 구성이다. 의미의 차이가 어디서 비롯되고 어떻게 만들어졌는지 얘기 나누는 상호작용을 통해, 상대방의 의미를 이해하고, 또한 여기서 더 나아가 어느 하나의 사건에 대해 여러 의미가 가능함을 인식하게 되고, 내적으로 여러 의미들을 동시에 떠올릴 수 있는 상태, 즉 대화적 상태까지 이르게 하는 수준의 의미 구성이다. 대화적 탐구와 메탁시스가 이에 해당한다.

셋째, 학습자들의 주관적 의미가 어떻게 구성되었는지 탐구하여 얻게 되는 의미이다. 학습자 개인들의 주관적 의미에 내재한 공통된 사회 문화적 상징 혹은 가치체계가 학습자 개인의 의미 구성과 감정 반응에 어떤 영향을 끼치는가 반추적으로 사고함으로써 획득하게 되는 의미다.

특히 세 번째 의미 구성과 관련하여, 데이비스는 과정드라마가 학습이 아닌 예술 형식으로 미적 체험을 제공할 수 있다고 말한다. 이러한 데이비스의 진술은 드라마가 학습을 위해 수단적으로 사용되고 있다는, '교육을 위한 연극의 도구적 사용'이라는 연극계의 오래된 주장이 더 이상 유효하지 않음을 보여준다. 드라마 이벤트를 구현한 세 번째 과정드라마는 교실에서의 드라마가 학습을 위한 도구로서 뿐만 아니라 예술로서의 잠재성을 지니고 있음을 보여준다. 즉 과정드라마가 학습에서 예술까지, 넓은 스펙트럼에 걸쳐 있음을 보여준다.

그런데 드라마 이벤트 과정드라마가 제공하는 비판적 의미 구성이라는 미적 체험은 예술 체험으로써 뿐만 아니라, 학습에 있어서도 궁극적인 학습의 지향점으로 강조되고 있다. 학습을 연구하는 현상주의자들 또한 세 번째 의미의 중요성을 역설하는데, 학습자들이 의미를 구성하도록 격려 받는 것은 궁극적으로 사고의 자유화로 나아가기 위한 것이라고 말한다.

그들은 학습자들이 의미를 주관적으로 형성한다 할지라도 그 의미 구성에서 사회 구성원들이 서로 공통적으로 공유하는 기호나 상징체계가 중재하고 있으므로 학습자들이 주관적으로 의미를 구성하는 것이 제한적이라고 지적한다. 이때 중재하는 기호나 상징체계들이 어떻게 의미 구성에 개입하는지 비판적으로 탐색하면, 구상화 (reification)된 실재를 깨뜨리고, 그렇게 하여 인간 사고의 자유화를 가능하게 할 수 있다고 말한다. 현상주의의 학습에 대한 이러한 연구는 개인이 의미를 구성하는데, 기호나 상징체계가 개인의 의미를 중재하는 역할을 넘어 개인의 세계를 한계 짓고 더 나아가 개인들을 그 틀에 가두어 버린다는 현상을 보여주는 것으로 학습에서, 기호나 상징체계에 대한 비판적 인식의 중요성을 역설하는 것이다.

이들이 우리의 의식 속에서 자주 구체화되고 확고하게 고정됨으로써 당연한 것이 되어버리고 결국에는 자연스런 존재의 일종으로 습득되게 된다. 이들을 마치 객관적이고 변경할 수 없는 사실처럼 대하는 사회적 구성의 과정을 구상화라고 부른다(Berger & Luckman, 1967). 구상화는 우리 스스로의 사회적 구성들을 감옥에 가두는 결정적인 요인이라고 할 수 있다. 강력한 구상화의 예들로서는 지능에 대한 생각, 성별 능력에 대한 관념, 조직에서의 리더십 스타일 등을 들 수 있다. Berger와 Luckman(1967, p.89)에 따르면 구상화의 세계는 비인간화된 세상이다. 왜냐하면 그것이 인간 스스로의 생산적 활동의 결과로서보다는 통제가 불가능한 외계의 작품과 같은 괴이한 사실로 경험되기 때문이다. 따라

서 끊임없는 구상화의 탈피는 해석학자나 일반연구자의 커다란 목표 중의 하나이다.[24]

과정드라마를 통한 비판적 수준의 의미 구성은 해석학에서 학습의 궁극적 목적으로 설명되는 구상화 탈피와 일치한다. 이는 예술 체험으로 불리는 현상이 궁극적으로 학습의 지향점이라는 사실을 보여준다. 이러한 맥락에 의하면, 많은 연극인들이 비판하는 '교육에서의 드라마의 수단적 사용'이라는 주장은 적절하지 않다.

이제까지 논의한 세 종류의 과정드라마에 의해 구성되는 의미 형태, 통로, 구조, 사고 구조와 관련해서 종합적으로 정리하면 다음과 같다.

첫 번째 구조가 주로 교육과정을 위한 목적으로 학교에서 많이 사용된다면 두 번째 구조는 학교 밖 특별한 성격의 공동체에서 많이 사용된다. 세 번째 구조는 예술적 체험을 제공하는 예술 형식으로 사용된다.

첫 번째 구조가 다른 구조들과 마찬가지로 반추적 사고 활동을 필수 조건으로 사용한다고 하나, 개인들이 형성한 의미를 돌아보고 드러내는 수준에서 멈춘다. 개인들이 드라마 체험을 통해 형성하는 의미가 중요하므로, 반추 활동이 심화되지는 않는다. 이에 반해 두 번째, 세 번째 구조에서 반추적 사고 활동은 물리적으로 더 많은 시간을 할애하면서 진행된다. 대화와 거리두기를 통한 비판적 사고 과정까지 나아갔을 때, 의미들이 형성되므로, 반추적 사고 활동이 중요하게 다뤄진다. 이들의 차이를 간단히 표로 정리하면 다음과 같다.

---

24 류완영, 「구성주의에서 의미의 의미」, 『교육공학연구』 30권 1호(통권 79호), 2014, p.6.

협상되는 의미 형태	의미 협상 통로	의미 구성 구조	요구되는 사고 능력	쓰임새	반추 활동
주관적 (subjective)	드라마 체험	드라마+ 의미드러내기	주관적 의미 구성 능력	교육과정	필수 조건
대화적 (dialogic)	대화적 탐구와 메타시스	드라마+대화	내적 의미의 다중성 형성	교육과정 및 공동체 활동	필수 조건
비판적 (critical)	드라마 이벤트	드라마 +거리두기를 통한 비판	메타 인지 (metacognition)	예술 형식	필수 조건

IV. 과정드라마 만들기

8. 과정드라마 만들기

과정드라마 만들기 과정에 들어가기에 앞서 과정드라마 특징을 간략히 살펴보면 다음과 같다.

연극 공연이 관객을 대상으로 펼쳐지는 것과 다르게, 과정드라마는 외부 관객을 두지 않는다. 대신, 과정드라마 참가자들은 각자 자기 관객을 갖게 된다. 즉 참가자들은 역할을 연기하면서 자신을 바라보는 내적 관객, 즉 자기 관객(self-spectator)을 갖게 된다. 다른 연극에서는 배우, 작가, 연출가, 무대, 조명, 음향 디자이너들 그리고 관객과의 소통이 어우러져 의미를 만들어 내나, 과정드라마는 참가자와 교사들이 함께 드라마적 앙상블을 만들어 자신들을 위한 의미를 만들어 낸다. 따라서 다른 참가자들과의 상호작용뿐만 아니라 자기 자신을 바라보는 내적 자기 관객과의 대화가 중요한 역할을 한다.

또한 주로 즉흥극의 형태로 진행되며 캐릭터보다는 역할로 진행된다. 삶의 실제 속도(lived at life-rate)[1]대로 진행되기 때문에 미리

---

1 Bowell, p. and Heap, B., *Planning Process Drama*, London: David Fulton Publishers, 2001, p.7.

정해진 드라마 대본을 외우거나 제시하는 것으로 진행되지 않고 드라마의 내러티브나 긴장이 펼쳐지면, 이에 따라 즉시적으로 행위 하고 반응하고, 상호작용하는 방식으로 진행된다. 과정드라마의 목적은 드라마에서 다루고자 하는 의미를 탐구하는 데 있다.

8.1. 과정드라마에서 생성되는 의미

과정드라마는 즉흥극 형태로 진행되면서 성격 창조(characterization)에 의존하기보다 역할입기와 수행(taking role and enacting)에 의해 진행된다.

역할에 대한 즉흥적 표현은 오랜 기간의 연습을 필요로 하지 않는 대신에 일상에서 마주치는 사람들의 역할을 떠올려 이를 소환하게 한다. 그 과정에서 사회가 역할에 기대하고 부여하는 여러 문화적, 사회적, 경제적, 정치적 요소들이 함께 동반하여 즉흥극 안으로 들어온다. 과정드라마의 역할 수행의 특징을 이해하는 데는 데이비스의 설명[2]이 유용하다.

역할들은 인물의 성격 구축과 같은 복잡한 과정을 포함하지 않는다. 역할이라는 용어를 사용함으로써 참가자들은 엄마나 어린 아이의 가장 기본적 특징을 포착하려고 할 것이다. 참가자들은 자신들의 경험이나 다른 사람들을 관찰한 경험을 가져올 것이다. …… 참가자들은 실제 사람들처럼 될 필요가 있지만 스타니슬랍스키 접근 방식이 요구하는 오랜 준비 없이 그렇게 한다.

---

2 Davis, D. *Imagining the Real*, London: Trentham Books, 2014), p.63.

이처럼, 역할 수행은 참가자들로 하여 참가자들이 현실세계에서 맺고 있는 사회적 관계와 여러 상호작용의 형태를 그 재료로 끌어오게 한다. 역할에 대한 이러한 즉흥적 연기 형태는 동일시(identification)라고 불리는데, 이는 참가자들의 역할 연기에서, 현실세계와 허구세계의 관계의 지형을 보여준다. 허구세계에서 즉흥적 역할 표현을 할 때, 참가자들은 현실세계의 모습을 하나하나 추적하여, 마치 복사하는 것처럼 현실세계를 그대로 재현하는 것이 아니라 자신들이 진실이라고 이해하는 것들을 추출하여 자발적으로 표현하는 것을 지칭한다.[3] 허구세계는 현실세계를 그대로 모방 내지 복사하기 위해 기능하는 것이 아니라, 현실세계에서 참가자들이 포착한 독특한 세계들을 불러내는 방식으로 현실세계와 관계 맺는다. 즉흥적 역할 연기는 참가자들이 자신들을 둘러싼 문화적 환경 속에서 자신이 이해한 특정 방식대로 대상을 추출하여 이를 자발적으로, 즉시적으로 표출하는 동일시 과정이다. 즉흥을 '창의적', '창조적'이라는 형용사로 이해하기보다 '동일시'로 이해할 경우, 즉흥적 표현 활동은 참가자들이 속해 있는 현실세계와의 연결고리 없이는 설명 불가능하게 된다. 이러한 현실세계와의 연결은, 과정드라마에서 다루는 의미가 무엇인지를 암시한다.

III부에서 과정드라마에서 의미들이 생성되는 통로를 설명하였으나 구체적으로 어떤 의미들이 생성되는지 설명하지 않았다. 과정드라마에서 생성되는 의미들이 무엇인가에 관해 히스코트(Heathcote)의 분석은 유용하다.

히스코트는 과정드라마의 즉흥극에서 실행되는 역할 행위들이 다음과 같은 의미들을 지닌다고 설명한다.[4]

---

3 Bolton, G., 『교실연기란 무엇인가?』, 김주연·오판진 역, 서울: 연극과인간, 2012, p.292.

나는 이것을 하였다 ···행위

왜냐하면 ··동기

그래서 ·······································내가 추구하는 것

이러한 추구를 하도록 예시를 보여준 모델 ························모델

이 행위를 하는 이유는 삶이란 (   )것이라 믿기 때문이다 ·····나의 가치

　역할 내에서 실행되는 어떤 하나의 연기 행위에는 위와 같은 다섯 가지 의미가 함유되어 있다는 설명으로서 '행위'는 역할이 한 행위는 어떤 것인가, '동기'는 그 행위를 하게 만든 즉시적, 직접적 이유는 무엇인가, '추구'는 왜 그 행위를 하는가, '모델'은 누구로부터 그 행위를 보고 따라하게 되었는가, '인생관'은 삶이란 어떠해야 한다고 보는가와 같은 질문들에 대한 답으로서의 의미가 있음을 밝히고 있다. 이때 이 의미들을 좀더 넓은 장으로 옮겨 놓게 되면 행위; 개인적 의식; 사회적 계급; 역사적; 보편적[5] 혹은 행위; 심리적; 사회적; 역사적; 철학적[6]으로 해석할 수 있게 된다. 이를 표로 정리하면 다음과 같다.

행위	동기	추구하는 것	모델	나의 가치
행위	개인적 의식	사회적 계급	역사적	보편적
행위	심리적	사회적	역사적	철학적

---

4 김주연·오판진 역, 앞의 책, p.246.

5 Gillham, G., 'What life is for: Analysis of Dorothy Heathcote's "levels" of explanation'. *Theatre and Education Journal*, 1, 1998, pp.31-39.

6 Gee, M. 'The contribution of drama' In Fautley, M., Hatcher, R., and Millard, E. *Remaking the Curriculum: Re-engaging young people in secondary school.* Stoke-on-Trent: Trentham Books, 2011.

즉 즉흥극의 역할 행위는 개인적, 심리적, 사회적, 역사적, 철학적인 의미들이 얽혀 있는 것임을 보여준다. 예를 들어, 자신의 방에서 창문을 내다보는 아버지에게 차를 가져다주는 딸의 역할을 하는 즉흥극이 진행되고 있을 때, 문을 노크하기 직전, 진행되는 즉흥극을 교사가 잠깐 멈추게 하고 그대로 정지한 채 딸의 역할을 맡은 참가자에게 위에서 열거한 질문을 던질 수 있다. 참가자에게 무슨 행동을 했는지 묻고, 왜 그것을 했는지 묻는다. 그 후 아버지에게 차를 가져다주는 것이 왜 중요한지 묻는다. 그런 후 네 번째 질문인 그렇게 하는 것을 어디에서 봤는지, 즉 좋아하고 있는 모델이 누구인지 묻는다. 이 질문은 특히 개인적 혹은 심리적 수준에 머물러 있던 행위에 대한 이해 수준을 사회적, 역사적 차원으로까지 끌어올리는 질문이다. 이 질문을 통해 참가자는 자신의 행위를 개인적 수준에서 해석하는 것을 넘어 사회적, 역사적 수준으로까지 인식할 수 있게 된다. 마지막으로 교사가, 앞선 질문들에 대한 대답을 바탕으로 딸이 생각하는 삶 혹은 존재가 무엇인지 묻는다.[7] 이는 삶 혹은 존재에 대한 보편적 존재론을 묻는 철학적 질문으로서 가장 근본적 층위의 의미를 표현하도록 돕는다. 위와 같은 일련의 질문은 당연한 것처럼 여겼던 일상의 역할 행위들에 심리적, 역사적, 사회적, 철학적 의미들이 담겨 있음을 자각하게 한다. 하나의 역할 행위를 행위, 동기, 목적, 모델, 가치관의 다섯 가지 의미와 연결시킴으로써, 역할로 시작하는 즉흥극은 사회적, 역사적, 철학적 의미를 구성할 수 있게 돕는다. 이렇듯, 역할을 통한 즉흥극은 사회 내에서 개인이 겪는 개인적이고, 사적이고, 주관적인 경험보다 개인의 개인적이고 사적인 경험들에 들어 있는 사회적, 역사적, 철학적 의미를 탐구케 하는 가

---

7 David, D., 앞의 책, p.68.

능성을 열어준다. 이러한 설명이 특히 강조하는 지점은 과정드라마가 개인들의 즉흥적 행위로 진행되는 형태임에도 불구하고, 의미의 스펙트럼이 심리에 한정되기보다 사회, 역사, 철학 등에까지 닿아, 교육과정이나 사회문제 등 다양한 분야의 소재들을 다룰 수 있는 가능성을 열었다는 점이다. 특히 현재 국내의 많은 즉흥극들이 개인의 심리를 강조하는 경향이 있는데, 이를 보완할 수 있는 유용한 접근이다.

8.2. 과정드라마의 원리

과정드라마의 기본 구조는 역할을 맡아 허구적 상황에서 살아보기와 허구 밖으로 나와 살아본 허구적 상황을 비판적으로 바라보기로 이루어진다.[8] 다시 말해, 미적 몰입(aesthetic engagement)과 비판적 바라보기(critical detachment)로 구성된다. 허구 상황에서 허구적 역할을 맡아 살아보기 할 때, 이 상황에 정서적으로 몰입하게 되면, 이를 미적 몰입이라고 부른다. 실제 생활에서 겪는 정서적 체험이 아닌 드라마라는 예술 양식에서 발생하는 몰입이므로 이를 미적 체험이라고 부른다. 이러한 미적 체험은 이후 이뤄질 비판적 바라보기의 재료가 되므로 과정드라마에 있어 필수 조건이라 할 수 있다. 비판적 바라보기에서 참가자들은 역할이 부여한 감정, 가치관, 태도로서 살아본 허구적 상황에 대해, 그 역할의 관점에서 해석하고, 더 나아가 다시 참가자 자신으로 돌아와 역할과 상황 모두에 대한 비판적 메타 읽기를 하게 된다.

---

8 Wooster, R., "Emotional involvement or critical detachment?", *Drama Magazine*, Summer 2004, pp.14-20.

과정드라마 구조

미적 몰입(aesthetic engagement) + 비판적 바라보기(critical detachment)

이때, 미적 몰입과 비판적 바라보기는 구조상 필수 조건들이나 순서상 미적 몰입이 앞선다. 비판적 바라보기의 대상이 되는 드라마적 몰입이 성립되지 않았을 경우 비판적 바라보기 또한 제대로 이뤄지기 어렵다. 따라서 과정드라마 구성에서 미적 몰입을 위한 에피소드 구조화를 어떻게 할 것이냐는 가장 핵심적인 부분이 된다. 또한 앞서 밝힌 과정드라마의 의미에 따른 분류 또한 이러한 구조화를 어떻게 하느냐에 따라 구분되는 것으로, 과정드라마 구성에 있어 미적 체험을 위한 에피소드 구조화는 과정드라마의 성패를 좌우한다. 따라서 과정드라마 구성을 다루는 데 있어 미적 체험의 구조화는 가장 중요하게 다뤄지는 부분이다.

8.3. 과정드라마 구성 과정

(1) 초점 선정

과정드라마는 탐구하고자 하는 의미를 선정하는 것에서 출발한다. 어떠한 의미를 다룰 것인가 정하는 것이 초점 선정(focusing)이다. 과정드라마는 참가자들이 즉흥극에 참여하여 현장에서, 즉시적으로 의미를 구성하므로, 의미 구성이 개방적으로 분파하여 여러 방향으로 진행될 수 있다. 따라서 교사가 의미 구성의 깊이를 가져오기 위해서 의미를 초점화할 필요가 있다. 일반적으로 이슈나 토픽 선정과 유사하다.

앞장에서 과정드라마를 의미 구성에 따라 분류했듯이, 의미들은 주관적 수준, 대화적 수준, 비판적 수준으로 구성될 수 있다. 예를 들어 '세계화'라는 초점으로 진행되는 과정드라마를 할 때, '세계화는 이러이러한 부정적 측면이 있다'라던가 '세계화는 이러이러한 긍정적 측면이 있다'라는 수준에서 주관적으로 의미를 구성하는 차원에서 초점이 이뤄질 수 있다. 혹은 세계화에 대한 서로 다른 의견을 나누어, 장단점의 첨예한 지점들을 다툴 수가 있다. 이때 형성되는 의미는 대화적인 것으로 세계화에 대한 다양한 측면들을 발견하는 것이다. 마지막으로 세계화의 여러 측면을 살펴보고 이를 비판적으로 해석하고 형성할 수 있는 의미로서, '국제 질서로서의 세계화와 일상생활과의 관계' 등이 그러한 의미에 해당한다. 따라서 초점 선정 과정은 구성되는 의미를 어떠한 형태로 할 것인지 결정하는 것까지 포함한다.

의미의 형태에 따른 과정드라마 구조를 다시 한번 살펴보자.

구성되는 의미 형태	의미 협상 통로	의미 구성 구조	요구되는 사고 능력	쓰임새	반추 활동
주관적 (subjective)	드라마 체험	드라마+ 의미 드러내기	주관적 의미 구성 능력	교육과정	필수 조건
대화적 (dialogic)	대화적 탐구와 메탁시스	드라마+대화	내적 의미의 다중성 형성	교육과정 및 공동체 활동	필수 조건
비판적 (critical)	드라마 이벤트	드라마 +거리두기를 통한 비판	메타 인지 (metacognition)	예술 형식	필수 조건

이처럼 의미들이 주관적, 대화적, 비판적 차원 중 어느 하나로 결정되면, 이후 구조에서 있어 조금씩 차이를 만들어 낸다. 그러나 이러한 차이에도 불구하고, 어떤 형태의 의미들을 다루던지, 미적 몰입을 위한 드라마적 경험을 비판적 거리두기에 앞서 배치하는 것은 구조상 공통적이다. 따라서 다음 부분에서 미적 몰입을 위한 드라마

경험을 어떻게 구조화하는지 살펴보겠다.

(2) 미적 몰입을 위한 드라마 구조화
① 플롯(plot) 구성하기

초점 선정을 하게 되면, 다루고자 하는 의미가 정해지고 이를 어떠한 형태로 진행할지 선택한다. 그 후 어떻게 드라마적 상황으로 구현할지가 뒤따르는 순서이다. 드라마적 상황의 구현은 교사가 사전에 구성하는 것으로, 이를 위해 교사는 다루고자 하는 의미를 논리적으로 설명하고 이해할 수 있어야 한다. 의미에 대한 논리적인 이해나 설명이 플롯인데, 이는 스토리를 전개하고 드라마적 상황을 선정, 배치하는 기능을 한다. 따라서 플롯은 과정드라마 구성에 있어 매우 중요한 과정이다. 스토리와 플롯의 차이를 간단히 살펴보자.

시간 순서에 따른 사건의 전개가 스토리라면 플롯은 작가의 의도에 따라 사건을 재배치한 것이다. ······ 플롯은 시간의 전후, 공간의 원근 이외에 인물의 상호 관계와 사건의 인과 관계 등을 따르면서 진행되는 것이 보통인데 대개는 사건의 진행에 따라 단계별로 나뉜다.[9]

비록 소설에 관한 설명이기는 하나 스토리와 플롯의 차이를 이해하는 데 유용하다. 플롯의 단계로 흔하게 얘기되는 것이 발단(exposition), 전개(complication), 위기(crisis), 절정(climax), 결말(resolution)의 5단계이다. 5단계에 대한 간략한 설명을 살펴보자

발단에서는 등장인물과 배경이 소개되고 기본적인 상황이 설정된다.

---

9 김열규, 『공부』, 서울: 비아북, 2010, p.113.

전개에서는 등장인물의 성격이 고착되면서 사건이 펼쳐진다. 위기에서는 갈등이 깊어지면서 사건이 폭발 직전으로 치닫는다. 절정에서는 사건이 폭발한다. 결말에서는 고조되었던 갈등이 해결되면서 새로운 균형 상태로 접어든다.[10]

소설의 플롯 구성에 대한 접근이기는 하나 과정드라마 플롯 구성에서도 유용하다. 소설과의 차이가 있다면, 과정드라마의 플롯 구성은 결말을 제거하는 경향이 있다. 왜냐하면 참가자들이 결말을 만들거나 대화를 통해 형성하기 때문이다.

스토리와 플롯의 차이를 1장에서 소개한 〈배낭을 멘 노인〉을 통해 알아보자. 〈배낭을 멘 노인〉의 플롯은 '개인들이 지니고 있는 편견은 자신들도 모르게 내면화되어 자신도 모르게 발현된다'는 의미를 담고 있는 것으로 '편견을 갖지 말자'는 구호로 편견이 해결될 수 있는 것이 아님을 발견'하고자 하는 의도를 담고 있다. 이러한 의도의 전개가 일관되게 전체 스토리와 드라마적 상황을 통해 흐른다.

이러한 의미를 위해 먼저 참가자들이 자신들이 지닌 편견을 자신도 모르게 표출하고, 후에 이것이 편견이었다는 점을 발견하는 흐름으로 플롯을 구성하였다. 그래서 이에 상응하는 스토리로서 편견을 불러일으킬만한 노인을 등장시키고, 그 편견으로 인해 노인이 겪는 고통, 그리고 노인의 죽음으로 인한 편견의 발견을 배치하였다. 이러한 플롯에 따라 최종적으로 구성된 스토리는 다음과 같다. 어느 마을에 이 마을 저 마을 떠돌아다니는 노인이 무거운 배낭을 멘 채 나타나, 먹을 때도 잘 때도 항상 이 배낭을 메고 다녀 이상한 소문이 돈다. 불길한 소문이 돌자, 아이들은 노인을 멀리 피하고 흉보고 조

---

10 김열규, 앞의 책, p.114.

롱한다. 노인이 죽은 후 노인의 배낭에서 무거운 돌들이 가득 들어
있는 것이 발견된다.

② 스토리 구성하기

과정드라마는 참가자들의 자발적 참여에 의한 드라마 상황에의
몰입이 필수 조건이므로 스토리를 구성하는 데 있어 참가자들을 위
한 장치들이 발달해 있다.

과정드라마 구성에 있어 스토리 구성은 다음과 같은 사항들을 고
려해야 한다.[11]

교사를 위한 드라마 play for teacher	참가자를 위한 드라마 play for class
의미 significance	관련성 relevance
제2의 상징 secondary symbolism	연결 지점 the angle of connection
시퀀싱 sequencing	내적 일관성 internal coherence

과정드라마는 참가자들의 자발적이고 적극적인 참여 없이는 불가
능하다. 따라서 참가자들의 과정드라마에 대한 관심과 흥미를 불러
일으키는 것이 중요하다. 이때 스토리에 있어 소재, 역할을 선정할
때 참가자들과 관련성 있는 것을 선정하는 기법을 사용한다. 이러한
관련성은 소재나 배경, 역할 등이 참가자들의 현실세계의 경험과 연
결되는 것을 일컫는다. 드라마 활동을 하면서 자신의 현실세계 경험
을 연상하는 것이다. 즉 허구적 상황의 내용, 주제, 소재 등이 자신
의 현실세계 경험과 닿게 되었을 때 '연결'은 발생하고, 이렇게 발생
된 연결을 바탕으로 드라마에 대한 학생들의 관심이 촉발되는 것이
다. 따라서 과정드라마가 제대로 구현되려면 이러한 연결 지점을 찾

---

11 Davis, D., 앞의 책, pp.78-84.

는 것이 선결 조건이라 할 수 있다. 이때 스토리를 위해 선정된 관련 지점은 반드시 플롯에서 의도하는 의미들을 상징적으로 담고 있어야 한다.

더불어 참가자들의 현실세계의 경험과 연결되는 지점에서 시작된 과정드라마는 플롯이 의도하는 의미를 마지막까지 표면에 드러내지 않는다. 예를 들어, 〈배낭을 멘 노인〉에서 참가자들이 몰입했던 스토리는 노인의 배낭 안에 무엇이 있을까이다. 플롯에 해당하는 편견과 관련한 내용은 마지막 반추 활동에서 비로소 드러난다. 표면적으로 참가자들이 몰두하는 의미와 좀더 깊은 수준에 감지되는 의미가 층위가 다르게 배치된다. 이때 깊은 수준에서 배치되는 의미를 '제2의 상징(secondary symbolism)'이라고 부른다. 표면적 상징과 심층적 상징, 두 층위로 의미가 배치되어 진행되어 과정드라마는 '참가자를 위한 드라마'와 '교사를 위한 드라마'가 서로 유기적으로 융합된 형태로 정리될 수 있다.

이때 관련성과 의미, 표면적 상징과 심층적 상징을 고려하여 드라마 에피소드들을 선정하고 배치하는 것을 '시퀀싱(sequencing)'이라고 부른다. 시퀀싱이 배치될 때, 표면적 상징과 심층적 상징을 고려하여 참가자들의 입장에서 형성되는 의미들의 일관성을 고려해야 한다. 참가자들이 내적으로 형성하는 흐름의 일관성을 '내적 일관성'이라고 부른다. 시퀀싱과 내적 일관성을 이해하는 데 데이비스의 설명은 유용하다.[12]

시퀀싱은 교사가 하나하나 에피소드를 배치하는 것으로 교사에 의해 미리 계획될 수 있거나 즉석에서 참가자들과 협상하여 배치할 수 있다.

---

12 Davis, D., 앞의 책, pp.83-84.

이 에피소드들은 외적으로 관찰 가능한 것으로서 각각의 에피소드는 다음 에피소드를 위한 것이면서 동시에 앞의 에피소드와 연결되어야 한다. 각각의 에피소드는 전체 과정드라마의 부분으로서 전체적으로 핵심적 관심사를 지닌 채 드라마의 중심적 사건과 관련해서 전개되어야 한다.

내적 일관성은 하나의 에피소드에서 상기되는 의미들이 다음 에피소드에서 상기되는 의미들과 조화되는 것을 의미한다. 이는 참가자들이 각 단계의 에피소드를 거치면서 겪게 되는 경험들의 내적 논리를 말한다. 각 에피소드들은 논리적으로 조직되고, 서로서로 조화되고 참가자들에게 이해될 수 있어야 한다. 교사들은 조종 시퀀싱을 줄거리라고 생각하고, 내적 일관성(참가자들을 위한 일관성)보다 외적 일관성(교사들을 위한 외적 논리)을 구축하게 된다. 시퀀싱은 참가자들에게 내적으로 일관되게 구축되는 방향으로 이뤄져야 한다.

③ 컨텍스트와 프리텍스트(conext and pretext)

초점을 선정하고 난 후, 다루고자 하는 초점을 탐구하기 위해 이에 적당한 드라마적 배경을 선정한다. 이 배경은 허구적인 것으로 시간, 장소, 상황으로 구체화된다. 이때 이 허구의 드라마적 배경은 실제 우리의 삶을 상징하는 것으로 일종의 메타포라고 할 수 있다. 배경을 선정할 때, 참가자들이 배경 속에서 맡게 될 역할을 함께 고려하는 것이 좋다. 다루고자 하는 초점이 그 역할 수행을 통해 탐색되기 때문이다. 따라서 배경과 역할 선정은 실질적으로 거의 동시에 이뤄진다.

컨텍스트와 함께 과정드라마에서 기법적으로 사용되는 것이 "프리텍스트(Pretext)"[13]이다. 세실리 오닐(Cecily O'Neill)이 소개한 개

---

13 O'Neill, C., *Drama Worlds*, Canada: Pearson Education Canada, 1995, p.42.

넘으로서 과정드라마는 언제나 중간에서 시작한다는 가정아래, 펼쳐지고 있는 과정드라마의 현재 상황 이전에 발생한 주요 사건들을 일컫는다. 예를 들어 〈배낭을 멘 노인〉에서 컨텍스트는 노인이 들른 이 마을이다. 프리텍스트는 그의 어린 시절과 이 마을에 오기 전 여러 마을에서 그가 했을 여행과 그의 경험 등이다.

④ 역할

드라마 참가자들이 실제 수행하는 부분으로서, 참가자들이 다른 사람인양 상상하고, 다른 사람의 눈으로 상황을 탐색하는 일을 수행한다. 과정드라마에서 참가자들에게 역할을 부여할 때, 문화적으로 하나의 집단을 이루도록 역할을 부여하는 것이 초점 탐구에 용이하다.

예를 들어 가족 관계로 묶일 수 있는 아들, 딸, 엄마, 아빠 같은 역할을 줄 수 있고 혹은 화가들같이 직업이나 기술로 묶일 수 있는 역할을 줄 수 있다. 혹은 가치체계나 이데올로기, 자격, 공통 경험 등으로 하나의 집단이 될 수 있다.[14]

⑤ 프레임

참가자들의 즉흥적 행위, 반응 그리고 상호작용에 의해 앞으로 나아가는 과정드라마에서 배경, 상황, 역할 선정은 과정드라마가 시작하도록 단초를 놓는다. 과정드라마가 앞으로 나아가기 위해서는 이들 외에 하나의 극적 장치가 더 필요하다. 그 극적 장치는 역할에 부여되는 프레임이다.

과정드라마가 앞으로 나아가도록 추동하는 엔진은 드라마적 긴장

---

14 Bowel, P. and Heap, B., *Planning Process Drama*, London: David Fulton Publisher, 2001, p.43.

(dramatic tension)에서 나온다. 그런데 이러한 긴장은 역할들 사이의 마찰(friction) 혹은 갈등(conflict)에서 기인한다. 마찰이나 갈등이 발생하거나 혹은 억제하거나 하는 과정에서 발생하는데, 특히 갈등이나 마찰이 엄존하나 이를 드러내지 못하게 하는 억제(constraints)는 극적 긴장을 일으키는 효과적 장치이다.[15] 이때 역할들 사이의 마찰이나 갈등을 유발하는 것이 역할에 부여된 프레임이다.

프레임은 역할이 지닌 사회적, 경제적, 정치적, 문화적 관점으로서, 캐나다의 사회학자 어빙 고프만(Erving Goffman)에 의해 연구된 개념이다. 프레임은 역할이 지니고 있는 관점으로 세계를 이해하고 해석하는 틀로서, 이 틀은 역할들이 할 수 있는 행위의 방향을 결정 짓는다. 보웰과 힙(Bowell and Heap)은 프레임의 기능을 '상호작용을 가능케 하는 프레임(communication frame)'과 '벌어지는 상황과의 거리를 결정하는 프레임(distance frame)'으로 보았다.[16] 커뮤니케이션 프레임은 역할에 부여되는 사회, 경제, 정치, 문화적 관점, 관심, 입장, 동기, 태도 등을 의미하는 것으로 극이 진행될 때, 참가자로 하여 벌어지는 상황에 대한 말과 행위를 가능하게 하는 동기를 부여한다. 그리하여 커뮤니케이션 프레임은 참가자로 하여 극적 상황에 감정적이고 정서적으로 몰입하게 하는 기능을 한다.

이에 반해 디스턴스 프레임은 벌어지는 극적 상황과 역할과의 거리를 설정하는 것으로, 참가자들이 극적 상황을 경험하는 데 있어 보호적인 기능을 한다. 즉 드라마 소재가 민감하거나 부담을 줄 경우, 직접적 드라마 경험을 하기보다 드라마적 경험을 하면서 보호할 수 있는 차원에서 거리두기적 프레임을 사용한다.[17] 예를 들어, 교통

---

15 Davis, D., 앞의 책, p.64.
16 Bowel, P. and Heap, B., 앞의 책, p.65.

사고와 관련한 극적 상황을 다룬다고 할 때, 사고 당사자라는 역할이 정서적 부담을 준다면, 교통사고를 조사하는 보험관 혹은 교통사고를 보도하는 기자 역할을 줄 수 있다. 이러한 역할은 사고 자체를 겪게 하기보다 이를 거리두고 바라볼 수 있게 하여, 정서적 부담을 지우지 않으면서 교통사고라는 상황을 면밀히 살펴볼 수 있게 한다.

히스코트는 역할과 극적 상황과의 거리를 멀어지는 정도에 따라 아홉 개로 나누었다.[18]

1. 참가자 – 극적 상황에 있는 역할
2. 가이드 – 극적 상황에 있었고 어떠했는지 보여줄 수 있는 역할
3. 에이전트 – 그 극적 상황을 다시 재생해서 이해시키도록 해야 하는 역할
4. 권위자 – 발생했던 극적 상황의 의미를 다시금 재구성해야 하는 역할
5. 기록하는 자 – 미래 세대를 위해 극적 상황을 명확히 하고 그래서 그들이 이 상황의 진실을 알게 하도록 하는 역할
6. 언론 – 그 상황에 있지 않았으나, 그 상황이 왜 일어났는지 설명을 제공해야 하는 역할
7. 연구자 – 현재를 살고 있는 사람들을 위해 그 상황을 연구하는 역할
8. 비평가 – 상황을 비평하거나 해석하는 역할
9. 예술가 – 그 상황을 변형시키는 역할

데이비스는 이 아홉 개의 디스턴스 프레임은 역할이 지니는 태도, 책임, 행위와 언어의 종류들을 결정짓는다고 말한다.[19] 그렇다면 이

---

17 Bowel, P. and Heap, B., 앞의 책, p.64.
18 Davis, D., 앞의 책, p.85.

는 상당 부분 커뮤니케이션 프레임과 겹친다. 역할의 프레임을 결정 짓는 데 있어 커뮤니케이션 프레임과 디스턴스 프레임을 결정하는 일은 동시에 혹은 순차적으로 할 수 있다.

⑥ 기호

선정한 초점 탐구를 위해 배경, 역할, 프레임을 선정했다면 이제 이들을 어떻게 실제 과정드라마에서 형상화시킬 것인가 하는 문제가 남았다. 과정드라마에서의 형상화 문제는 드라마의 형상화와 일치한 다. 기호에 의존한다. 연극에서와 마찬가지로 오브제, 음향, 언어, 제 스처, 이미지 등을 사용한다. 실제세계에서 사용되는 사물들은 의미 지시적 혹은 상징적 목적보다 실용적 목적으로 사용되나 연극에서 사물들은 실용적 목적보다 상징적 목적으로 사용된다. 과정드라마에 서 사용되는 여러 매체들은 의미 구성을 위한 '기호'로서 기능하므로 배치에 있어 면밀한 주의가 필요하다.

사용되는 기호들은 다시 세 종류로 나눌 수 있다. 히스코트는 학 교에서 사용되는 기호들을 삼 분류한 브루너(Bruner)의 분류법을 가 져와 과정드라마에 적용하였다.[20] 학교에서 사용되는 기호들은 크게 상징적(symbolic), 도상적(Iconic), 표현적(Expressive) 기호들로 나 뉜다. 상징적 기호는 언어나 수학처럼 개념이나 사물, 수를 가리키는 것으로 상징적 재현을 하는 기호들인데, 학교에서 가장 중요시 여기 는 기호이다. 도상적 기호는 상징적 기호보다는 학교에서 덜 중요하 게 취급되는 것으로, 그림, 도예, 도표 등 형상을 드러내는 기호를 말한다. 마지막으로 표현적 기호는 음악, 춤, 목소리, 신체와 같은

---

19 Davis, D., 앞의 책, p.85.
20 Bowel, P. and Heap, B., 앞의 책, p.72.

것으로 드러나는 기호이다.

과정드라마는 이러한 상징적, 도상적, 표현적 기호들이 한데 이루어져 배경, 역할, 프레임을 나타내고 그리고 의미 탐구를 가능케 한다.

⑦ 기법들

탐구하고자 하는 주제, 배경, 역할, 프레임을 결정하고 이를 구체화할 수 있는 기호들을 결정했다면 그 다음은 무엇을 할까? 이들을 어떻게 의미를 생산하도록 드라마적으로 배치할까 하는 순서가 그 다음에 따라 나온다.

예를 들어, '교통 신호등을 지키자'라는 주제로 드라마 수업을 한다고 하자. 빨강, 파랑, 노랑 색종이를 동그랗게 잘라, 이를 '신호등'을 지칭하는 기호로 사용하여, 신호등 놀이를 한다고 가정해 보자. 빨강 신호등을 교사가 들어 학습자들이 서는 행위를 연습하고, 파랑 신호등에 건너는 연습을 한다고 하자. '교통 신호등을 지키자'라는 주제를 위해 반복적 연습을 위한 활동을 배치할 수 있다. 그런데 동일한 주제와 기호를 사용하여, 집에서 깜짝 생일 파티를 위해 아이를 기다리는 엄마와 기대에 차서 집으로 서둘러 가는 아이 상황을 제시하는 경우를 가정해 보자. 학생들이 엄마 역할을 맡아 아이를 기다리는데, 아무리 기다려도 아이가 오지 않자 길거리로 나가게 되고 아이를 하염없이 기다린다. 이때 선생님이 길거리 행인 역할을 맡아, 아까 어떤 아이가 빨강 신호등이 깜빡거릴 때 그만 급하게 건너려다 사고를 당해, 병원으로 호송되는 것을 보았다고 말한다. 엄마는 이 말을 듣고 어떤 행동을 할까? 역할을 맡은 학생들이 이를 정지장면으로 보여준다. 엄마의 마음은 어떨까? 이것은 몸짓과 소리로 나타낸다. 그런데 아이가 무사히 나타난다. 학교에 남아 청소를 하느라고 늦었다고 말한다. 이렇게 해서 엄마는 안도의 한숨을 짓는다. 이 과정드라마를 통해 학생들은 교통 신호등을 지키는 것이 무엇을 의미하는지 발견하게 된다. 주변 사람들을 안심시키는 것, 운전자와 보행자의 약속이라는 것, 운전자와 보행자가 생각하는 약속의 의미가 서로 다를 수 있다는 등등의 의미를 발견할 것이다.

이처럼 의미들은 사용되는 드라마 기법에 따라 깊이의 차이를 보인다. 드라마 기법은 어떤 의미를 생성하기 위해 배경, 역할, 프레임 등이 배치되는 방식을 일컫는 것으로 일종의 드라마적 모형과 같다. 예를 들어, 연극에서 독백이 인물의 속마음을 알기 위한 기법으로 사용되는 것처럼, 과정드라마도 의미를 드러내기 위한 다양한 기법이 발전되어 왔다. 가장 광범위하게 사용되는 기법들로는 역할 내 교사(Teacher in Role: T.I.R), 살아보기 드라마(living through drama), 정지장면(still image), 포럼 연극(forum theatre) 등등이 있다. 이들 각각의 기법들은 의미 구성을 위한 독특한 기능을 하는데, 특히 이중에서 역할 내 교사와 살아보기 드라마는 교육연극 역사에 있어 가장 창조적인 기법으로 평가되고 있다.[21] 닐런즈와 구드(Neelands and Goode)는 과정드라마에서 사용될 수 있는 기법들을 배경을 수립하기 위한 기법들, 드라마 스토리를 전개하기 위한 기법들, 의미와 느낌의 깊이를 탐색하기 위한 기법들, 드라마 전체를 반추적으로 바라보기 위한 기법들로 분류하였다.[22] 더 많은 기법들이 『드라마 구조화하기Structuring drama work』라는 책에 담겨 있는데, 국내에서는 『스트럭처링 드라마』라는 제목으로 출판되었다.[23] 이 중

---

21 김주연 · 오판진 역, 앞의 책.

22 Neelands, J. & Goode, T., *Structuring Drama Work*, Cambridge: Cambridge University Press, 2000.

23 이시원, 『스트럭처링 드라마』, 파주: Books Dala, 2011.

에서 가장 대표적인 기법들은 다음과 같다.

【기법 1】 살아보기 드라마('living through' drama)

히스코트 이전의 실행가들이 드라마를 시작할 때 자기만의 공간을 찾은 뒤 자신이 느끼고 생각하는 것들을 표현하라고 주문했다면, 히스코트는 가치와 행위의 규범을 지닌 집단으로부터 드라마를 시작할 것을 주문한다. 참가자들이 드라마에 참가할 때 제일 먼저 하는 일은 허구의 문화적 공동체를 만드는 것이다. 일정한 문화를 지닌 집단을 세운 후 참가자들은 그 집단에 속한 역할입기를 한다. 역할입기란 그 역할이 속해 있는 집단의 가치, 믿음, 관념을 받아들임을 의미한다. 다시 말해, 역할을 입는다는 것은 집단이 규정하는 역할의 정체성(identity)을 자기 것으로 받아들인다는 것을 뜻한다. 이렇게 드라마를 시작한 참가자들은 자신들이 속한 허구 속 집단의 삶의 양식을 삶의 속도(life-rate)대로 살게 된다. 즉 주어진 집단의 문화적 코드에 따라 재현(representation) 없이 마치 일상생활을 사는 것처럼 살게 된다. 이러한 히스코트의 방법을 '살아보기(living through)' 기법이라고 한다. 재현이 아닌 직접 살아보는 것, 직접 경험하는 것이다.[24]

【기법 2】 역할 내 교사(T.I.R: Teacher in Role)

역할 내 교사라는 기법은 학생들의 관심과 합의에 근거한 드라마를 추구하는 히스코트의 진보적 사상에서 창조되었다. 드라마 참여를 위한 지시 명령식 진행 방식이 아닌 교사가 직접 역할을 맡아 허구상황으로 들어가 학생들을 초대하는 기법이다. 역할 내 교사는 허

---

24 김주연·오판진 역, 앞의 책, pp.178-181.

구세계의 어떠한 역할을 교사가 연기함으로써, 허구세계에 대한 문화적 정보를 제공하여, 역할 연기에 대한 아무런 지시 없이도, 학생들을 자연스럽게 허구세계에 참여하게 만드는 미적 체험을 제공한다. 역할 내 교사 기법은 드라마를 긴 시간 진행하기 어려운 초보자들에게 특히 유용하다. 또한 이는 학생들의 손에서 자칫 희화화하는 경향으로 흐르기 쉬운 허구적 상황에 깊이와 넓이를 제공하여 학생들이 현재 지니고 있는 감정, 느낌, 선입관, 관념들을 자극하여 그 지평을 확장시키는 기능을 하기도 한다.

【기법 3】 전문가의 외투

전문가의 외투는 참가자들이 전문가의 역할을 맡아, 그 전문가에게 주어진 과업을 수행하는 것을 일컫는 기법이다. 현실세계에서 전문가들이 과업을 수행하기, 특정 활동을 하고 이에 시간을 쏟는 것을 그대로 허구세계로 가져온 것이다. 자료를 모아 정리한다거나, 그림이나 도표로 나타내거나, 협의하여 결론을 도출하는 등, 전문가가 해야 하는 과업을 그대로 실행하는 것을 말한다. 마치 허구세계의 드라마가 아닌 현실 속의 과업을 수행하는 것처럼 보이나, 전문가라는 역할을 맡아 실행하고 있으므로 드라마의 연장으로 본다.

【기법 4】 숨겨진 정보

이는 두 명이 서로 상반된 목적을 가진 역할을 수행할 때 긴장을 유발하면서 다층적 의미를 탐구할 때 사용할 수 있는 기법이다. 예를 들어 선녀와 나무꾼에서 즉흥극을 할 때, 나무꾼은 나무를 하고 장에 내다 판 뒤 편안히 앉아 밥상을 기다리는데, 선녀가 밥상을 들고 들어가는 것으로 즉흥극이 진행된다. 이때 선녀에게는 나무꾼이 모르는 정보를 알려준다. 선녀는 지금 나무꾼으로부터 옷을 보고 난

후고, 이 밥상이 마지막이며 밥을 먹고 난후 나무꾼이 잠이 들면 떠날 결심을 한 상태라는 정보를 준다. 그런데 나무꾼과의 즉흥극에서 떠나기로 한 마음이 흔들리면 결정을 바꾸어도 된다고 말한다. 상대역할이 모르는 숨겨진 정보를 지니고 즉흥극을 진행하게 되면 긴장유발뿐만 아니라 다양한 의미를 생성하게 한다.

【기법 5】 안전하게 역할입기

역할에 들어가기 위해 관련되는 과업을 수행하는 것으로, 일종의 우회로(other)를 이용하는 방법이다. 이 방법은 역할을 제시하지 않은 채 역할과 관련한 과업을 해결하도록 요청함으로써 자연스럽게 역할입기를 하도록 돕는다. 예를 들어, 가게 주인 역할을 해야 하는 상황에서, 참가자들에게 주인 역할을 맡을 것을 요청하기 전에 지도를 나눠주며 지도에서 가게 터를 잡아보라고 요청한다. 참가자들은 지도를 보며 터를 잡기 위해 연구하는 과정을 통해 자연스럽게 가게 주인의 역할로 들어가게 된다. 이것이 역할입기를 위한 우회로 접근 방식이다.

(3) 비판적 거리두기를 위한 장치

① 비판적 성찰(critical reflection)

과정드라마에서 의미를 구성하기 위해서 드라마에 대한 미적 몰입과 이를 비판적으로 바라보며 의미를 협상하는 과정, 즉 비판적 토론이 필수 조건이다. 이러한 반성적 의미 협상 과정에서, 대화적 탐구, 메탁시스, 드라마 이베트를 통한 주관적, 대화적, 비판적 의미를 구성할 수 있다.

② 자기-관객 개념(self-spectatorship)

앞서 살펴본 비판적 성찰은 비판적 거리두기가 역할 밖(out of role), 허구세계 밖에서 이루어지는 형태이다. 이에 반해 역할 안(in role), 허구세계 안에서 발생하는 비판적 거리두기의 또 다른 유형이 자기-관객 개념(self-spectatorship)이다.

히스코트는 이를 "의식에 내재하는 관찰자(watcher in the head)"[25]라고 불렀다. 볼튼은 자기-관객 개념에 세 겹의 바라보기가 존재한다고 말한다: 그 자신에게 어떠한 일이 일어나고 있는가에 대한 인식; 무엇이 '만들어'지고 있는가에 대한 인식; 그리고 드라마를 진행하기 위하여 무엇이 발생할 수 있는가 또는 무엇이 발생할 필요가 있는가에 대한 인식.[26]

이러한 자기-관객 개념은 관객과 극작가 기능이 함께 어우러진 통합적 시각을 요하기 때문에, 자기 자신이 창조하는 것에 자기 스스로 관객이 되는 거리두기 상태를 발생시키게 된다. 실링포드(Shillingford)는 이러한 자기-관객 개념이 심리적으로 자기 평가, 메타-인지적 기능, 자신에 대한 계속되는 성찰 기능을 제공한다고 밝혔다.[27] 이러한 기능들은 허구세계 안에서 배우와 극작가로서 작동하는 참가자들로 하여금, 그들의 행위, 느낌, 사고, 감정 등을 계속해서 관찰하게 만들어, 거리두기 효과를 낳는다. 최근 교육계에서 크게 조명 받고 있는 자기 주도적 학습(self-directed learning) 개념은 이러한 자기-관객 개념과 여러 면에서 일치한다.

이제까지 논의된 과정드라마 구성과정을 정리하면 다음과 같다.

---

25 Heathcote, D., Contexts for Active learning - Four models to forge links between schooling and society - Presented at the NATD conference, 2002, p.4.

26 김주연 · 오판진 역, 앞의 책, p.199.

27 Shillingford, L., *An Exploration of the Self-spectator construct*, BCU unpublished MA Dissertation, 1994.

1. 초점 선정하기			
2. 미적 몰입	허구세계 구성 원리	플롯 구성	
		플롯과 스토리 배치하기	① 프리텍스트와 컨텍스트 ② 역할 ③ 프레임(갈등, 마찰, 억제 구성을 통한 긴장 생성)
	실제 구현 방법	기호들 선택하기	상징적, 표식적, 행위적 기호
		기법들 선택하기	살아보기 드라마, 역할 내 교사, 숨겨진 정보, 안전하게 역할입기
3. 비판적 거리두기	반추적 사고하기		비판적 성찰, 자기 관객 개념

9. 과정드라마 구성 과정의 실제 적용

앞장에서 논의한 과정드라마 구성 과정을 실제 사례에 적용하여 과정드라마를 구성해보자.

9.1. 주관적 의미 구성을 위한 과정드라마: 베스트 컨트랙트

주관적 의미 구성을 위한 과정드라마는 과정드라마에 참여하여 몰입하는 경험만으로 참가자들의 의미 구성이 가능한 구조로 이뤄진다. 비판적 거리두기는 구성된 의미를 확인하는 수준에서 이뤄진다. 그리하여 주관적 의미 구성을 위한 과정드라마는 주로 학교 커리큘럼의 내용을 학습자들이 인지적이고 정서적으로 이해할 수 있도록 도울 때 사용된다. 특히, 역사나 사회과 관련 커리큘럼이 이에 적당하다. '주관적 의미 구성을 위한 과정드라마'는 강화도조약을 소재로 삼아 실제 구성 과정을 살펴보겠다.

(1) 초점 선정하기

강화도조약과 관련한 학습내용 중에서 강화도조약이 불평등 조약이라는 설명을 자주 접한다. 불평등에 관한 내용은 주로 조약 체결 시의 일본의 억압적 무력 사용과 조약 내용의 불평등성에 중점을 두고 있다. 그런데 강화도조약의 불평등은 당시 조선이 국내외적으로 처한 시대적 한계를 보여주는 것으로서 강화도조약이 어떤 시대적 배경에서 어떻게 진행되는지를 가장 잘 보여주는 측면이다. 강화도조약의 불평등이 어디서부터 비롯되었는지 이해하게 되면 강화도조약의 전반적인 상황을 이해할 수 있다. 그래서 강화도조약과 관련한 수업은 '무엇이 불평등을 초래하게 했는가'에 초점을 두고 진행할 것이다.

그래서 강화도조약에 조약 책임자로 참석했던 신헌의 강화도조약 체험기, 『심행일기』를 참고로, 강화도조약의 불평등성이 우리가 흔히 알고 있듯이 강압에서 비롯된 것이 아니라, 일본 측의 고도의 전략에 의해 계획된 것임을, 그리고 이를 조선의 책임자들이 모르고 있었던 데서 비롯된 것이라는 부분에 초점을 둘 것이다.

(2) 플롯 구성하기

플롯을 구성하기 위해서 초점에 대한 자료 수집이 이루어져야 한다. 문헌이나 영상 자료 등 다양한 자료를 통해 초점을 어떻게 플롯으로 구성할지 탐색해야 한다. 강화도조약에 대한 자료 수집을 통해 다음과 같은 내용을 새롭게 이해하게 되었다.

1876년 2월 27일에 체결된 조일수호조규(朝日修好條規, 강화도조약)는 우리나라 최초의 근대적 조약이자 한국근대사의 시작을 알리는 사건으로서 교육과정에서 중요하게 다뤄지고 있다. 특히 그동안 논의되어온 전통적 견해에 따라, 조일수호조규는 일본의 무력에 의해 강요당한 전형적인 불평등조약으로서 그 체결로 인해 일본은 조선 침략과 제국주의 발전의 기틀을 마련한 반면, 조선은 정치경제적으로 일본에 예속되게 만든 불평등 조약이라는 논의가 일반적이다. 그런데 최근의 연구들은 이러한 불평등성을 극복하기 위한 노력들이 다각도로 이루어졌고, 주체적으로 행해진 측면들을 밝혀내고 있다.

특히 접견대관으로 조약에 직접 참여했던 신헌의 『심행일기』[28]는 일본의 요구나 책략에 맞서 조선 관리들이 적극적으로 대처하기 위한 노력을 보여주고 있다. 그러나 어보(御寶·옥새) 어명(御名)과 관련해서 벌어진 해프닝은 당시 조선이 근대화되는 과정에서 어떠한 시대적 한계에 갇혀 있는지를 정확히 보여준다.[29] 조선 관리들은 일본의 요구에 맞서 조선의 안위를 위한 노력을 기울였으나, 그 노력은 조선이 처한 당시 시대적 한계를 뛰어넘지 못하였다. 세계가 급변하고 있었음에도 이러한 국제 정세에 어두운 조선 관리들은 자신들의 명분을 지키느라 실리를 잃고 마는 불평등 조약을 체결하게 된다. 강화도조약이 불평등 조약이라는 의미는 조약된 내용의 불평등성이기도 하나, 좀더 정확하게는 조선이 당시 처한 시대적 한계에서 비롯된 불평등성이다.

『심행일기』에 이에 대한 내용이 언급되고 있다. 1876년 2월 20일 서명을 앞두고 일본은 조약문 마지막 부분에 조선국왕의 어보를 찍어야 하며 어명을 적어야 한다고 말했다. 이에 대해 신헌은 "어명은 막중 막엄해서 신하가 감히 입에 올릴 수도 없는 것이거늘, 하물며 감히 문자로 쓸 수 있겠는가"라고 맞섰다. 일본 관리는 국제적 관례임을 들어 국왕의 서명과 옥새의 날인을 요구했다. "어명어보가 비

28 신헌, 『심행일기』, 김종학 역, 파주: 푸른역사, 2010.
29 이민희, 『강화고전문학사의 세계』, 인천: 인천학연구원, 2012, pp.257-258.

록 긴중하다고는 하나 이는 곧 각국에서 통용되는 일인데 귀국에서만 유독 논의를 달리하는 것은 참으로 의아스럽다."(일본)라며 어보와 어명을 요구했으나 조선의 관리들은 이 부분에 대해서는 양보할 수 없다는 입장을 취했다. "천하 각국의 예법이 같지 않으니, 저쪽에서 행해지는 일 가운데서도 이쪽에서는 행할 수 없는 것이 있다."(조선)

이러한 실랑이 과정에서 조선 대표단은 왕의 이름을 빼기 위해 많은 것을 양보했고, 일본이 그 틈을 타 실리를 듬뿍 챙기게 된다.[30]

어명어보 사건은 유교적 가치관에 사로잡힌 채 근대의 질서로 재편되고 있는 세계의 변화에 무지한 조선 관리들의 모습을 보여준다. 그리고 이러한 한계가 어떻게 최초의 근대 조약을 불평등에 이르게 했는지를 보여준다. 따라서 강화도조약을 다루는 과정드라마의 플롯은 조선 관리들의 시대적 한계를 중심으로 진행하기로 하였다.

강화도조약에 대한 자료 수집에서 어명어보 사건은 극적으로 강화도조약의 한계를 보여주는 것으로 다가왔다. 그래서 '어명어보 사건'을 중심으로 강화도조약의 불평등성을 보여주는 플롯을 구성하기로 하였다.

(3) 스토리 구성하기

이러한 플롯을 실제 스토리로 구현하는 과정은 아래 표에서 보이는 것처럼 여러 단계를 한 번에 복합적이고 입체적으로 실행할 것을 요구한다.

---

30 김종학, 「조일수호조규 체결과정 연구: 근대로의 이행?」, KAIS 2015 하계학술대회 발표문, 2015, pp.24-27.

교사를 위한 드라마 drama for teacher	참가자를 위한 드라마 drama for class
의미 significance	관련성 relevance
제2의 상징 secondary symbolism	연결 지점 the angle of connection
시퀀싱 sequencing	내적 일관성 internal coherence

플롯을 스토리로 구체화할 때, 교사는 스토리의 어떤 지점이 참가자들과 관련되는지 연결 지점을 찾아야 한다. 그러면서도 그 관련성이 교사가 플롯을 통해 전달하고자 하는 의미를 담고 있어야 한다. 또한 스토리 전개는 참가자들의 내적 흐름에 맞도록 일관성을 지니도록 구성해야 한다.

예를 들어 '어명어보 사건'이 보여주는 조선 관리들의 시대적 한계를 플롯의 중심 지점으로 삼을 때, 조선, 일본, 조선 관리를 스토리로 그대로 옮겨 놓을 필요는 없다. 참가자들이 초등학생이라면 조선, 일본, 조선 관리들과 관련되는 연결 지점을 갖기는 어렵다. 이러할 경우, 다른 역할과 시대적 배경을 선정하여 초등학생과 연결될 수 있는 지점을 찾아 스토리를 구성해야 한다. 플롯이 교사들이 의도하는 의미에 중심을 둔다면, 스토리는 참가자들이 흥미를 지니고 참가할 수 있도록 참가자들과 연결되는 지점을 찾는 것이 핵심이다.

그리하여 초등학생들이 참가자라고 할 경우, 강화도조약의 조선 관리들의 시대적 한계를 이해하는 플롯을 위해 '서명'을 그 연결 지점으로 삼았다. 서명은 스타들을 동경하는 초등학생들이 흥미로워하면서 호기심을 갖는 대상이다. 따라서 서명을 연결 지점으로 삼아 스토리를 구성하면 초등학생들의 적극적 참가를 이끌어 낼 수 있다. 컨텍스트는 서명을 많이 하는 회사를 삼았다. 즉 고객이 원하는 계약 내용을 만들어 주어 계약을 성사시키는 회사를 컨텍스트로 삼고, 참가자들은 이 회사의 회사원 역할을 맡는다. 프리텍스트는 이 회사원들이 이전에 미술관과 그림 수집가 간의 계약 건을 성공시킨 사례이다.

계약 컨설턴트라는 역할은 자연스럽게 프레임까지 가져오게 하는데, 의뢰한 계약 의뢰자의 이익을 최대화해서 계약을 성사시킨다는 가치를 가지게 한다. 따라서 이들은 계약과 관련해서 의뢰인의 요구와 이익에 복무해야 하는 커뮤니케이션 프레임과 디스턴스 프레임을 갖게 된다.

이러한 기본 구상을 바탕으로 실제 과정드라마 활동을 살펴보며 다음과 같다.

교사를 위한 드라마(drama for teacher): 근대적 세계 변화를 인식하지 못하는 관리들의 시대적 한계가 미치는 여파
참가자를 위한 드라마(drama for class): 우루카국과의 계약 성사시키기

플롯	시퀀싱	참가자들의 내적 흐름(내적 일관성)	기호	기법
드라마로 들어가기 위한 사전 활동	서명 만들기	자신들의 서명을 만듦으로써 앞으로 이 드라마에서 상징적으로 사용될 서명에 대해 관심을 갖게 됨.	서명	안전하게 역할입기
드라마의 역할과 배경	역할입기	서명과 관련되는 역할을 자연스럽게 받아들임.	회사 이름이 쓰인 명패	역할입기
	프리텍스트 소개하기	비교적 수월한 과업 수행을 하면서 자연스럽게 역할 안으로 들어감	계약서	전문가의 외투
역할이 부여하는 과업에 몰입하기	우루카국과의 계약 의뢰 소개	역할이 부여 받은 과업을 수행하게 됨. 과업을 이미 한번 완성해봄으로써 수행하기가 더욱 수월함.	지도, 계약서	전문가의 외투
과업 수행시 발생하는 문제 장면 대면하기	우루카국의 접견대사 만나 계약 체결하기	계약 내용을 완성하고 최종적으로 체결하게 되면 모든 과업이 성취됨. 그런데 계약 체결시 예상치 못한 상대 접견대사의 반응으로 당황하게 됨.	계약서, 어보(옥쇄), 접견대사 휘장, 서명	살아보기 드라마
주관적 의미 구성	의미 구성하기	접견대사의 행동을 통해 갖게 된 질문을 떠올리고 서로 의견을 교환함. 그리고 각자 의미를 구성함		반추적 사고

(4) 시퀀싱

① 서명 만들기

에피소드	기호 및 기법
계약회사 계약 컨설턴트라는 역할을 입기 전에 하는 활동으로서 참가자들에게 연예인이 되면 필요한 것이 무엇이 있을까 교사가 물어본다. 학생들이 여러 가지 대답을 하면 서명(사인)이라고 말한다. 그리고 다 같이 자신의 서명을 만들어 보자고 제안한다. 학생들이 서명을 다 만들면 각자의 서명들을 보여준다.	서명/ 안전하게 역할입기
참가자들의 내적 흐름	
가벼운 마음으로 자신의 서명을 만든다. 서명을 만들면서 서명의 한 획 한 획에 자신들의 의미를 부여하게 된다. 서명이 드라마에 들어가는 다리 역할을 하면서 안전하게 역할을 입게 하기 위한 장치다. 뿐만 아니라 상징적 의미도 지니게 된다.	

② 역할입기

에피소드	기호 및 기법
이제 학생들은 이 서명을 아주 많이 사용하는 역할을 하게 될 것이라고 말한다. 계약회사에서 일하는 계약 컨설턴트가 맡을 역할임을 소개한다. 계약 컨설턴트는 계약을 의뢰하는 클라이언트의 요구에 맞게 계약서 내용을 작성해주고 계약을 성사시키는 역할을 하는 사람들이라고 소개한다. 명패 모양의 종이를 나눠주고 각자 컨설턴트 ○○○이라고 쓰게 한다.	명패
참가자들의 내적 흐름	
앞의 시퀀싱에서 서명 활동에 집중을 했으므로 서명이 주요한 역할을 하는 컨설턴트라는 역할을 자연스럽게 받아들인다.	

③ 프리텍스트 소개하기

에피소드	기호 및 기법
지금 현재 진행되고 있는 계약 건에 대해 소개한다. 미술관에서 그림	계약서/전문가

수집가에게 그림 한 점을 대여해 오는 계약을 의뢰해 왔는데, 여러분 | 의 외투
의 최종 서명을 받아야 해서, 최종적으로 완성된 조항들을 보여줄
테니 수정해야 하는 조항이 있으면 의견을 말해달라고 한다.

계약서

가람 미술관과 김수동은 다음과 같이 계약한다.

제1조. 김수동은 가람 미술관에 '하늘'이라는 작품을 대여한다.

제2조. 가람 미술관은 김수동에게 1일 1회 도슨트 기회를 제공한다.

제3조. 가람 미술관은 김수동에게 미술관 영구 회원 자격을 부여한다.

제4조. 가람 미술관은 '하늘' 작품의 보존을 위해 김수동이 요구하는 보존을
위한 설비를 완비한다.

가람 미술관   서명

김수동   서명

베스트 컨트랙트   서명

모둠별로 계약서를 나눠주고 수정하게 한다. 수정을 다하고 계약서
를 완성한 모둠은 서명란에 서명을 한다.

참가자들의 내적 흐름

미술관이 의뢰한 계약을 함으로써 참가자들은 계약이 어떻게 구성되고, 계약할 때 무엇
을 고려해야 하는지 알게 된다. 전문가의 역할로 들어갈 때 필요한, 사전에 미리 해보는
과업 연습에 해당한다. 또한 역할로 들어오자마자 이미 주어진 과업이 있다는 상황,
즉 프리텍스트가 있다는 것은 허구세계 역할로 신속히 들어오게 한다.

④ 우루카국과의 계약 의뢰

에피소드	기호 및 기법
새로운 계약 의뢰를 소개한다. 휴대폰 회사 알파가 의뢰해온 건으로 우루카국과의 계약이다. 휴대폰 회사 알파는 휴대폰 제조에 들어가는 인광석을 찾고 있습니다. 아프리카 대륙에서 채취해왔는데 최근 고갈	지도, 계약서/ 전문가의 외 투

되면서 세계 이곳저곳을 찾아다니다가 우연히 우루카라는 섬나라 연안에 그 물질이 많이 매장되어 있는 것을 발견했습니다. 알바트로스의 배설물이 산호초들과 결합해서 만들어진 것입니다. 그래서 이 인광석이라는 물질의 채취권을 우루카국과 계약해서 따내야 합니다. 자 여기 우루카국의 지도입니다.

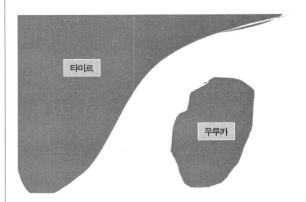

이 섬에서 인광석을 채취해 와야 하는데 그러려면 이 나라와 조약을 맺어야 합니다. 그냥 가서 마구 채취할 수는 없고 그래서 최대한 휴대폰 회사 알파에게 유리하게 계약서 문구를 만들어달라는 요청이 들어왔습니다.

이 나라는 풍족하지는 않지만 바다 자원과 수목 자원으로 자급자족하고 있으며 일주일이면 자전거로 섬 둘레를 다 돌 수 있는 크기의 섬나라입니다. 작다보니 분쟁이 생길 경우 옆 나라인 타미르 국에서 돌봐줍니다. 그래서 우루카는 왕이 바뀌면 이를 보고하거나 분기별로 조공을 바치는 걸로 서로의 관계를 유지하고 있습니다.

그리고 우루카에 인광석이 묻혀 있다는 사실은 어떤 나라에서도 모릅니다. 우루카 사람들도 그냥 반짝이는 하얀색 돌이 섬 주변에 많다는 정도만 알고 있지 그 돌의 가치에 대해서는 모릅니다. 만약 그 돌의 가치에 대해 알게 되면 이들은 많은 돈을 부를 게 뻔합니다. 그래서 이번 조약은 아주 어려운 계약이 될 것 같습니다.

먼저 인광석을 명기하지 않으면서 채취해올 수 있어야 하며 타미르가 간섭하지 않도록 해야 하며, 휴대폰 회사 알파가 채취해 오는 데 있어 비용을 최소화해야 한다. 이것이 휴대폰 회사 알파의 요구 조건입니다.

자 이제 계약 조항의 문구를 만들어 봅시다. TF팀에서 먼저 제안한 아이디어는 아름다운 자연 풍경의 접근성을 높이기 위해 섬 둘레에 도로를 건설해 준다는 생각입니다. TF팀이 구상한 계약 조항을 보시고 계약서를 완성해보세요.

이렇게 해서 모둠별로 완성할 계약서를 나눠준다.

계약서

휴대폰 회사 알파와 우루카국은 다음과 같이 계약한다.

제1조. 우루카국의 아름다운 자연환경에 대한 접근성을 높이기 위해 휴대폰 회사 알파는 모든 편의를 제공한다.

제2조. 휴대폰 회사 알파는 우루카국의 섬 주변 도로를 정비해 준다.

제3조. 섬 주변의 도로 정비를 하는 과정에서 생기는 파손된 암석들은 자연환경 보존을 위해 알파가 섬 밖으로 가져간다.

휴대폰 회사 알파   서명

우루카국   서명

베스트 컨트랙트   서명

모둠별로 계약 조항을 완성하고 서명한다.

참가자들의 내적 흐름

앞의 에피소드에서 미술관과의 계약서를 완성했던 경험으로, 이번 계약에 임한다. 다소 난이도가 높은 계약서라 클라이언트의 요구를 들어주기 위해 깊게 몰입해서 사고하게 된다.

⑤ 우루카국의 접견대사 만나 계약 체결하기

에피소드	기호 및 기법
참가자들에게 계약을 체결하는 곳의 의자와 테이블을 어떻게 놓을지 배치하게 한다. 교사가 자신이 우루카국의 접견대사 역할을 맡겠다고 말한다. 교사는 문 밖으로 나가 다시 들어온다. 접견대사의 말과 행동을 한다. 테이블에 앉으면 계약 컨설턴트들과 우루카국 접견대사와의 '살아보기 드라마 즉흥극'을 진행한다. 이때 교사는 조약 조항들에 대해 자기 나라의 이득을 챙기기 위한 질문을 날카롭게 하도록 한다. 그런데 조약을 체결하는 과정에서 컨설턴트들이 서명을 요구할 때, 교사는 서명을 할 수 없다고 강하게 말한다. 서명은 막중 막엄해서 신하가 감히 입에 올릴 수도 없는 것이라고 말한다. 어보가 있는데 어찌 어명을 요구하느냐고 강하게 주장한다. 다른 그 어떤 것을 양보하는 한이 있더라도 어명만큼은 양보할 수 없다고 말한다.	계약서/살아보기 드라마

참가자들의 내적 흐름
앞의 에피소드에서 클라이언트의 상당히 어려운 계약 조건을 맞추기 위해 계약 내용 선정에 몰입했던 참가자들은, 계약을 체결하는 이 에피소드에 적극적으로 참여하게 된다. 계약을 체결하게 되면 자신들의 과업이 성공적으로 끝나기 때문이다.
그런데 그들의 예상과 달리 계약에 임하는 상대 계약자는 그들이 심혈을 기울였던 계약 내용보다, 엉뚱하게도 서명에 커다란 가치를 두고 있다. 이러한 반응은 참가자들을 당황하게 하며, 왜 상대 계약자가 저런 반응을 보이는지 의아하게 만든다. 별로 중요해보이지 않는 것을 최우선 가치로 두면서 정작 중요한 계약 내용을 포기하는 모습에서 몹시 당황하게 된다. 이러한 상대 계약자의 모습은 참가자들로 하여, 왜 상대 계약자가 이렇게 행동하는 것일까? 의문을 품게 한다.

⑥ 주관적 의미 구성

에피소드	기호 및 기법
위의 에피소드에서 어떤 생각을 하고, 어떤 질문을 갖게 되었는지 서로 의견을 교환한다. 특히, 접견대사의 행동에 대해 어떤 생각을 갖게	반추적 사고

되었는지 묻고 답한다. 각자 자신들의 생각을 말한다.
참가자들이 작성한 계약서와 실제 강화도조약 내용을 비교한다.

> 제1조 조선국은 자주적인 국가로서 일본국과 평등한 권리를 갖는다.
>
> 제2조 조선은 부산 이외의 두 항구를 20개월 이내에 개항한다.
>
> 제4조 조선국 부산의 초량에는 일본 공관이 있으며 오랫동안 양국 백성의 무역 장소이다. 이후 종전의 관례와 세견선 등의 업무를 개혁하고 이번에 새로 의결되는 조약에 의거하여 무역 업무를 처리할 것이다. 그리고 이외에 조선국 정부는 제2조에 기재하는 2개의 항구를 개항하고 일본인이 왕래하며 무역함을 허가한다. 위의 장소에서 토지를 임차하여 집을 짓고 또한 근처 조선 백성의 집을 임차함은 각기 당사자 간의 처리에 맡긴다.
>
> 제5조 경기, 충청, 전라, 경상, 함경 5도의 연해 중에서 무역에 편리한 항구 2개소를 택하여 지정할 것이다. 개항의 시기는 일본의 연대로 명치 9년 2월, 조선의 연대로 병자 2월을 기준하여 20개월 후로 한다.
>
> 제7조 조선국의 연해 도서의 암초는 종전에 점검을 하지 않은 까닭에 지극히 위험하므로, 일본국의 항해자가 자유롭게 해안을 측량함을 허가하여 그 위치와 깊이를 명시하고 해도를 작성하여 양국 선박으로 하여금 위험을 피하고 안전하게 항해할 수 있도록 한다.
>
> 제9조 양국은 이미 무역을 허락하였다. 양국 백성은 각자 임의로 무역한다. 양국 관리는 조금도 이에 간섭하지 않을 것이며 제한을 설정하거나 금지하지 못한다.
>
> 제10조 일본국 백성은 조선국이 지정한 각 항구에 체류하는 중에

만약 범죄하여 조선국 백성에게 관계되는 사건이 있으면 모두 일본국 관리가 조사할 것이다. 만약 조선국 백성이 범죄하여 일본국 백성에게 관계되는 사건이 있으면 모두 조선국 관리가 조사할 것이다.

제11조 양국은 이미 무역을 허락하였으므로 별도로 무역규례를 설정하여 양국 상인에게 편리를 줄 것이다. 이와 아울러 지금 의결한 각 조항들은 다시 자세한 내용을 보충하여 준수하기에 편리한 조선으로 할 것이다. 이는 지금부터 6개월을 넘지 않아서 양국이 별도의 위원을 임명하여 조선국 경성 또는 강화부에서 회담하고 협의 결정하게 한다.

참가자들의 내적 흐름
접견대사의 행동에 대해 서로 의견을 나누고 각자 주관적으로 의미를 구성한다. 또한 자신들이 작성한 계약서와 실제 강화도조약 내용을 비교함으로써, 당시 조선 사회 관리들의 시대적 한계를 짚고, 어떻게 강화도조약이 불평등 조약이 되었는지 확인한다.

9.2. 대화적 의미 구성을 위한 과정드라마: 노란 양동이, 쓸데없는 괴물

대화적 의미 구성을 위한 과정드라마는 서로 다른 관점 사이의 대화에 참여하게 만드는 드라마다. 이에 두 종류가 있다. 첫째, 대화적 탐구는 과정드라마 내에서 다뤄지는 주제에 대해 서로 다른 관점이 충돌하면서, 그 관점들의 여러 면모를 확인하고 이해하는 과정을 갖게 된다. 그럼으로써 어떤 주제에 대해 여러 시각들이 가능함을 그리고 가능한 방식을 알게 됨으로써 개방적인 태도를 지니게 한다. 둘째, 메탁시스는 현실과 허구의 대화로서 현실과 대비되는 과정드라마라는 허구세계에 머물면서 현실과 허구를 대비시켜 주제를 탐구하는 방식이다. 이를 통해 허구의 문제를 직면하면서 다른 한편 현실의 문제를 탐구하게 된다. 그리하여 현재 머물고 있는 현실의 세계를 좀더 거리를 두고 비판적으로 보게 한다.

(1) 대화적 탐구: 노란 양동이

① 초점 선정하기

『노란 양동이』[31]라는 동화를 모티브로 초점을 선정하였다. 노란 양동이를 놀이터에서 재미있게 갖고 놀고 있지만 가져가고 싶은 마음도 동시에 지니는 주인공의 상황이 '소유와 존재'를 다룬 에리히 프롬의 주제 의식을 잘 보여주고 있다.

그런데 에리히 프롬의 『소유냐 존재냐』에서 존재적 실존 양식과 소유적 실존 양식을 대비시키면서 존재적 실존 양식을 강조하였다.

존재적 실존 양식의 전제 조건은 독립과 자유 그리고 비판적 이성을 지니는 것이다. 존재적 양식은 언어로는 묘사할 수 없고 오로지 체험을 공유함으로써 전달 가능한 양식이다. 이렇듯 소유적 실존 양식에서는 죽은 언어가 지배하는 반면, 존재적 실존 양식에서는 표현 불가능한 살아 있는 경험이 지배한다고 말한다. 존재 양식으로써의 삶에서 중요한 건 자기중심주의와 아집을 버리고 마음을 가난하게 하고 텅 비워야 하는 것이다.[32]

그런데 실제 현실의 삶에서 실존적 존재 양식과 소유적 존재 양식은 어느 하나의 양식이 지배적으로 우위를 점하고 있지 않다. 처해

---

31 모리야마 미야코, 『노란 양동이』, 양선하 역, 서울: 현암사, 2001.
32 에리히 프롬, 『소유냐 존재냐』, 차경아 역, 서울: 까치, 2007, pp.129-130.

있는 상황이나 조건, 그리고 세계관에 따라 다른 선택을 하고 있다. 따라서 실존과 소유에 대한 태도를 과정드라마에서 탐구하게 되면 다양한 관점들이 생성되면서, 활발한 대화가 오가리라 예상된다.

② 플롯 구성하기

실존적 존재 양식과 소유적 존재 양식 간의 충돌이 플롯의 중심이다. 이 부딪히는 상황을 극적으로 구성하는 데 있어, 실존적 존재 양식의 양상과 소유적 존재 양식의 양상을 보여주는 것이 먼저 선행될 필요가 있다. 왜냐하면, 그래야 좀더 각 양식의 특징이 잘 드러나 충돌이 선명하게 부각될 수 있기 때문이다. 이렇게 해서 전체적으로 플롯은 두 양식의 모습을 보여주면서, 두 양식이 충돌하는 상황을 중심으로 구성되었다.

③ 스토리 구성하기

실존적 존재 양식과 소유적 존재 양식의 부딪힘을 위해, 모티브를 가져왔던 『노란 양동이』의 배경을 빌려 왔다. 즉 누군가 놀이터에 노란 양동이를 놓고 집에 가버렸고, 주인공은 놀이터에서 우연히 양동이를 주워 재미있게 가지고 놀았다. 집에 가져가고 싶었으나 주인이 올지 모르니 며칠만 그대로 놀이터에 두기로 하고, 매일 놀이터에 나와 양동이를 가지고 논다. 이러한 상황은 소유와 존재가 미묘하게 뒤섞여, 매순간 소유할 것인지 존재할 것인지 묻는 내용들로 이루어졌다. 그리하여 소유와 존재에 대한 의미를 탐구하게 만든다. 또한 마지막에 '소유'하지 못함으로 인해 원망하는 철수를 위로하는 장면에서, '존재'적 양식을 보여주었던 그동안의 놀이와의 대비, 그리고 친구들의 위로를 통해, 실존적 존재 양식과 소유적 존재 양식은 첨예하게 대화의 장으로 불려나올 수 있게 된다.

교사를 위한 드라마(drama for teacher): 소유와 존재에 대한 의미 탐구
참가자를 위한 드라마(drama for class): 노란 양동이를 잃어버린 철수 위로하기

플롯	시퀀싱	참가자들의 내적 흐름(내적 일관성)	기호	기법
	소중한 물건 떠올리기	애착을 갖고 한때 좋아해서 아꼈으나 지금은 가지고 있지 않은 물건 떠올리면서 과거의 느낌 재생하기/드라마 세계로 들어가기 위한 연결고리 같은 활동	음악	안전하게 역할입기
소유가 불분명한 물건 발견	노란 양동이가 발견하기	철수의 노란 양동이에 대한 생각, 그리고 노란 양동이의 처리에 대한 생각을 해봄으로써 소유와 존재에 대한 혼재된 관점을 불러 오기	노란 양동이	역할 내 교사
소유하지 않은 존재적 실존의 형태를 보여주는 놀이 경험	노란 양동이가 지고 놀기	소유하지 않은 채 가지고 놂으로써 존재적 실존 양식의 특징을 조금 이해하기	노란 양동이	정지장면
존재에서 소유로 넘어가는 경계	노란 양동이를 소유하기 전날 밤	존재에서 소유로 넘어갈 때 일어나는 양상을 경험하기	노란 양동이	움직이는 장면
소유적 실존양식과 존재적 실존양식의 충돌	철수의 항의	소유하지 못하게 된 것에 대한 실망 내지 화를 내는 것에 대해 반응하는 것을 통해, 소유와 존재에 관해 생각하기		살아보기 드라마/역할 내 교사
두 양식이 갖는 여러 측면 성찰	반추적 사고 활동	철수의 태도 그리고 철수와의 상호작용을 통해 소유와 존재에 대한 측면들을 생각하기		반추적 사고

④ 시퀀싱

ㄱ. 소중한 물건 떠올리기

에피소드	기호 및 기법
지금은 지니고 있지 않지만 아직 소중하다고 기억하고 있는 물건이 있으면 하나만 떠올려 보세요. 그 물건을 손에 쥐고 있다고 상상해 보세요. 그 물건으로 주로 무엇을 했었는지 정지 그림으로 보여주세요. 왜 그 물건이 소중했는지 이야기 해보세요.	Acoustic Radio 행복한 느낌 듣기 / 안전하게 역할입기

ㄴ. 노란 양동이 발견하기

에피소드	기호 및 기법
노란 양동이를 그렇게 소중하게 간직한 철수가 있어요. 평소 모래 놀이터에서 모래 양동이로 노는 것을 아주 좋아하는 철수가 있었어요. 그런데 이 친구는 놀다가 그 양동이를 챙기지 않아 여러 번 양동이를 잃어버리자 부모님은 더 이상 양동이를 사주지 않았어요. 그러던 어느 날 철수는 여느 때와 마찬가지로 모래놀이터로 나가게 되었어요. 여러 가지 천을 깔아두고 그 밑에 양동이를 둔다. 그리고 양동이를 발견한다. 교사가 철수 역할을 한다.(역할 내 교사) 철수: 우와 양동이다. 　　　누가 두고 갔나보다. 　　　모래도 많이 담아지네. 내가 들기에도 딱 알맞은 크기네. 　　　내가 전에 가지고 있던 거보다 훨씬 좋다. 　　　아, 갖고 싶다. 철수가 아이들에게 다가가 네 꺼냐고 묻는다. 아이들은 아니라고 한다. 철수: 주인이 없네. 　　　가져가고 싶다. 나한테 딱 맞는 거 같은데. 심지어 내가 좋아하는 노란색이야. 　　　주인이 없으니까, 가져가도 되지 않을까? 철수가 아이들에게 주인이 없으니까 가져가도 되지 않을까 하고 묻는다. 친구들이 여러 가지 의견을 말한다. 대부분은 주인이 올지 모르니 며칠 두어야 한다고 말한다. 철수: 그럼, 며칠이나 두어야 하는데?	노란 양동이/ 역할 내 교사

며칠을 두면 내가 가져가도 될까?
친구들이 며칠이 적당할지 말한다. 그래서 철수는 친구들이 말한 날만큼 양동이를 놀이터에 그대로 두기로 한다.

참가자들의 내적 흐름
철수가 노란 양동이를 좋아하고 갖고 싶어한다는 것을 알지만, 원래 주인을 생각해서 가져가면 안되고, 며칠 두고 봐야 한다고 말한다. 이때 참가자들은 아직 소유에 기반한 사고를 한다. 그러면서도 주인이 가져가지 않을 때까지 철수가 가지고 놀 수 있다는 제안을 하게 되면 존재적 실존 양식이 뒤섞여 있게 된다. 이 단계에서 참가자들은 아직 두 사고가 혼재해 있다.

ㄷ. 노란 양동이 가지고 놀기

에피소드	기호 및 기법
그리고 그 다음날 철수는 놀이터에 나왔습니다. 놀이터에 양동이가 있을까요 없을까요? 있었습니다. 철수는 양동이로 무슨 놀이를 할까요?(참가자들은 무슨 놀이를 할지 각자 양동이로 정지장면으로 표현한다) 그리고 다음날에도 나와 양동이로 놀이를 합니다. 그런데 오늘은 비가 와서 우산을 들고 나왔습니다(참가자들은 비오는 날 양동이로 무슨 놀이를 할지 정지장면으로 표현한다). 그리고 다음날에는 크레용을 들고 나왔어요(참가자들은 크레용과 양동이로 무슨 놀이를 할지 정지장면으로 표현한다). 오늘은 아이가 무엇을 들고 나왔을까요?	양동이/정지 장면

참가자들의 내적 흐름
노란 양동이를 소유하지 않은 채, 매일 가지고 노는 장면을 만들면서 존재적 실존 양식이 주는 행복을 엿본다.

ㄹ. 노란 양동이를 소유하기 전날 밤

에피소드	기호 및 기법
노란 양동이를 자져가기로 한 날이 드디어 내일로 다가왔습니다. 조바	움직이는 장면

심이 나서 철수는 밤에 한번 더 놀이터에 나가 양동이를 확인합니다. 그리고 드디어 내일이면 양동이 주인이 나타나지 않으면 양동이를 가져오기로 한 날입니다. 철수는 밤에 꿈을 꿉니다. 어떤 꿈을 꿀까요? (참가자들이 모둠별로 모여 철수가 꾸는 꿈을 움직이는 동작과 소리까지 엮어 표현한다)

참가자들의 내적 흐름
이제까지, 존재적 실존 양식을 구현하였다면 이 밤을 계기로 소유로 넘어가게 된다. 존재에서 소유로 넘어가는 경계에서 어떤 일이 벌어지는지 경험하게 된다.

ㅁ. 철수의 항의

에피소드	기호 및 기법
그리고 드디어 날이 밝아 철수는 놀이터에 갔어요. 양동이는 그대로 있을까요. 아니면 사라졌을까요? 사라져버렸습니다(교사가 철수 역할을 한다). 철수: 어떻게 사라져 버렸어!! 　　　주인이 가져갔나봐. 　　　아니면 다른 애가 가져갔을 수도 있어. 　　　처음에 내가 발견했을 때 가져갔으면 좋았잖아. 　　　너희들이 며칠 기다려보라 그래서 이렇게 기다렸더니 결국 사라졌잖아. 　　　어떡해?? 너희가 잘못한 거야. 그때 너희가 그런 말만 안했어도 노란 양동이는 내 것이 될 수 있었을 텐데. (이에 대해 친구들은 철수를 위로하거나, 혹은 자신들의 잘못이 아니라고 말한다. 그러면서 노란 양동이를 소유하는 문제, 존재적으로 함께 보냈던 시간들에 대한 문제를 함께 이야기한다)	살아보기 드라마 / 역할 내 교사

참가자들의 내적 흐름
철수가 노란 양동이가 사라지고 난 후 보이는 안타까움 혹은 화를 보면서, 혹은 철수에게 위로와 설득을 제공하면서 소유적 실존 양식과 존재적 실존 양식 간의 충돌을 경험한다. 이 양식들의 여러 측면을 보게 된다. 그러면서 각자 개인들이 현재 어떤 양식 위에 서 있으며, 어떤 양식을 지향하고 있는지 발견한다.

ㅂ. 반추적 사고 활동

에피소드	기호 및 기법
교사가 참가한 학생들과 함께 철수의 행동과 생각에 대해 함께 이야기를 나눈다. 이때 교사가 던질 수 있는 질문은 다음과 같다. 철수는 지금 화가 난 것일까 아니면 실망을 한 것일까? 철수에게 어떤 위로 혹은 해결 방법을 줄 수 있을까? 새로운 노란 양동이를 사라고 하는 것이 철수에게 해결 방법이 될 수 있을까? 철수가 노란 양동이를 첫날 가지고 갔었다면 그렇게 재미있게 갖고 놀 수 있었을까? 우리는 무언가를 계속 소유하려고 하는데, 소유하면 행복해질까? 아니면 소유하지 않은 채, 철수가 노란 양동이를 갖고 신나게 놀았던 것처럼, 시간을 향유하면 행복해질까?	반추적 사고

참가자들의 내적 흐름
철수의 태도와 이에 대한 다른 참가자들의 반응을 보면서 소유와 존재적 실존 방식에 대해 생각해 본다. 그리고 자신의 생각하는 의미를 구성한다.

(2) 허구와 현실의 대화(메탁시스): 쓸데없는 괴물

① 초점 선정하기

현실세계와 허구세계의 대비를 통해 의미를 구성하는 것이 메탁시스적 의미 구성이다. 그래서 허구세계는 일반적으로 현실세계의 어떤 측면을 포착하여 이를 확대하거나 변형하여 세워지게 된다. 이번 과정드라마를 위해 포착한 현실세계의 한 측면은 '놀이'와 '유희'이다. 일반적으로 한국 사회에서 청소년기의 놀이는 부정적이거나 소극적으로 해석된다. 그 가치가 논의의 대상이 되지 못하고 있다. 공부를 하거나 쓸데 있는 일을 하는 데 방해가 되는 쓸데없는 일이거나 혹은 쓸데 있는 일을 하기 위해, 잠시 쉬어가는 보조적 수단의 역할로 평가된다. 그러다 보니 청소년들에게 놀이는 말놀이나 장난을 치는 일종의 억압의 해소 혹은 분출구 정도로 부정적으로 인식되는 경향이 있다. 그래서 놀이를 하는 시간이 무가치하다고 여기는 태도를 종종 발견하게 된다.

이러한 문제의식에서 출발하여 이번 과정드라마는 삶에서 놀이나 유희가 어떤 역할을 하는지 탐구하려고 한다.

② 플롯 구성하기

일상생활에서 흔히 듣는 말이 '쓸데없는 일 하지 마' 혹은 '쓸데없는 말 하지 마'라는 용어다. 특히 5, 6학년쯤 사춘기에 접어들 때쯤, 주변 사회문화적 환경으로부터 접하게 되는 이런 말들을 단순한 생활언어로 이해할 수도 있으나, 실은 '놀이'가 지니는 창조성을 담고 있지 못하는 말이다. 쓸데없는 일과 쓸데없는 말에 대한 용법을 내면화하게 되면 놀이가 지니는 해방성, 창조성을 이해하지 못하게 되며, 자칫 놀이하는 시간을 무가치하게 보게 된다. 따라서 이번 과정드라마는 놀이의 필요성을 해방성, 창조성 측면에 두어 해석하는 것을 중요 플롯으로 삼을 것이다.

③ 스토리 구성하기

교사를 위한 드라마(drama for teacher): 놀이와 유희의 중요성과 필요성 알기
참가자를 위한 드라마(drama for class): 쓸데없는 괴물 살리기

플롯	시퀀싱	참가자들의 내적 흐름(내적 일관성)	기호	기법
'쓸데없는 일'과 '쓸데 있는 일'이 어떻게 구분되는지 확인하기	칭찬 듣는 일	칭찬을 듣는 쓸데없는 일 떠올려보기		정지장면
	쓸데없다고 비난 받는 일	쓸데없는 일이라고 비난 받는 일들 떠올리기. 쓸데없는 일과 쓸데 있는 일이 구분되고 있음을 발견하기		정지장면
	쓸데없는 일 금지법 제정하기	쓸데없는 일과 쓸데 있는 일의 목록에서 순위를 매기며, 쓸모의 기준 발견하기	리스트/법조항	안전하게 역할입기
'쓸데없는 일'을 안하도록	'쓸데없는 일' 금지법 제정 후에	쓸데없는 일을 안하도록 강제할 때 발생하는 부자유스러움 느껴보기		정지장면

	벌어지는 일			
강제하는 것의 부자유스러움	'쓸데없는 일' 금지법을 위한 홍보 캠페인	부자유스러움을 좀더 선명하게 느껴보기		살아보기 드라마
	국가 홍보 영상 만들기	쓸데없는 일을 안하는 것으로 발생하는 부자유스러움과 이와는 대조적으로 이를 칭송하는 현실의 대비 느껴보기		움직이는 장면
부자유스러움의 이유	반추적 사고하기	쓸데없는 일을 안하는 데서 발생하는 부자유스러움이 왜 발생하는지 알아가기		반추적 사고
놀이의 필요성을 유희성/창조성의 측면에서 이해. 그 중요성을 인식	왕을 만나 설득하기	'쓸데없는 일'이 '쓸데 있는 일'임을 설득하는 과정에서 놀이가 지니는 긍정적, 부정적 측면을 보게 되고, 어떤 차원에서 놀이가 필요한지를 더욱 선명하게 알아가기		역할 내 교사/살아보기 드라마
	괴물의 출현(왕을 설득하는 데 실패했을 경우)	놀이의 특징을 알기 위한 새로운 시도	괴물인형	안전하게 역할입기
	괴물이 하는 일	괴물로 상징되는 놀이가 지니는 창조성의 특징을 알아가기	괴물인형	움직이는 장면
	괴물을 보호하기 위한 회의	보호하려는 행위를 통해 놀이가 지니는 가치를 내면화하기		살아보기 드라마
	괴물보호하기	괴물로 상징되는 놀이를 보호하는 행위를 통해 놀이는 삶에서 필요하고 보장해야 하는 것임을 각인하기		정지장면 혹은 움직이는 장면
선명하게 인식	반추적 사고하기	놀이를 유희성/창조성의 측면에서 이해하고, 그럼으로써 그 가치를 인식함		반추적 사고

④ 시퀀싱

ㄱ. 칭찬 듣는 일

에피소드	기호 및 기법
어떤 일을 하고 있으면 부모님이나 주변 어른들로부터 칭찬을 듣나요? 각자 정지장면으로 만들어 보여주세요.	정지장면
참가자들의 내적 흐름	
일상생활에서 어른들의 칭찬을 듣는 일들이 어떤 것이 있는지 생각해 보는 시간을 갖게 된다. 그럼으로써 '쓸데 있는 일'과 '쓸데없는 일'이 어떻게 구분되고 있는지 생각해보게 된다.	

ㄴ. 쓸데없다고 비난 받는 일

에피소드	기호 및 기법
그런데 이런 일 외에 다른 일을 하고 있으면, 종종 "쓸데없는 일 하지 마"라는 말을 듣습니다. 최근에 "쓸데없이 ○○○ 하지 마"라는 말을 들었던 일이 있나요? 무슨 일을 하다가 그런 말을 들었는지, 그 일을 정지장면으로 보여주세요. 각자 혼자 정지장면으로 만들어 주세요. 휴대폰이나 컴퓨터와 관련한 것 말고 다른 것으로 해주세요.	정지장면

참가자들의 내적 흐름
앞의 에피소드에서 '쓸데 있는 일'을 떠올렸다면 이번 에피소드에서 '쓸데없는 일'을 떠올린다. 우리 사회에서 어떤 종류의 일들이 '쓸데없는 것'으로 다뤄지는지 좀더 선명하게 보게 된다.

ㄷ. 쓸데없는 일 금지법 제정하기

에피소드	기호 및 기법
자 오늘 연극은 이 쓸데없는 일을 아예 금지시키려고 하는 왕에 대한 연극이에요. 이 왕은 국민들이 쓸데없는 일을 하게 되면, 국가 산업이 발전하지 못하고 부강한 나라가 되지 못한다고 생각해요. 그래서 '쓸데없는 일 금지법'을 공표합니다. 이제 쓸데없는 일들을 하다가 들킨 사람들은 벌금을 내야 한다는 법입니다. 왕이 금지한 '쓸데없는 일'은 무엇일까요? 교사가 쓸데없는 일 리스트를 학생들에게 나눠져, 가장 쓸데없는 일부터 가장 쓸데 있는 일까지 순위를 매기게 한다. 그래서 가장 쓸데없는 일 5개를 왕이 금지한 '쓸데없는 일'로 하자고 한다.	안전하게 역할입기

> 공부하기
> 친구들과 밖에서 뛰어 놀기
> 멍하니 앉아 있기
> 뒹굴뒹굴 하기

장난감 갖고 놀기
요리하기
정처 없이 돌아다니기
장난치기
웃고 떠들기
책읽기
운동하기

선정된 쓸데없는 일 5가지를 종이에 써서 칠판에 붙인다.

참가자들의 내적 흐름
쓸데 있는 일과 쓸데없는 일의 목록에서 순위를 매기면서, '쓸모'가 어떤 기준으로 나뉘는지 어느 정도 알아가게 된다.

ㄹ. '쓸데없는 일' 금지법 제정 후에 벌어지는 일

에피소드	기호 및 기법
쓸데없는 일 금지법이 공표되고 나서 어떤 일들이 벌어질까요? 모둠별로 모여 정지장면으로 보여주세요. (쓸데없는 일을 안하려고 의식적으로 노력하는 장면 혹은 자기도 모르게 쓸데없는 일을 해서 억울하게 벌금을 내게 되는 상황 등등이 정지장면으로 나타남)	정지장면

참가자들의 내적 흐름
쓸데없는 일을 의도적으로 안하려고 노력하는 과정에서, 쓸데없는 일을 안하도록 강제하는 것이 갖는 부자유스러움을 점차 알아가게 된다.

ㅁ. '쓸데없는 일' 금지법을 위한 홍보 캠페인

에피소드	기호 및 기법
방송에서는 '자기도 모르게 쓸데없는 일을 해서 억울하게 벌금을 낸 사람들을 노력하지 않고 자기 관리를 안하는 게으른 사람'이라고 비난	살아보기 드라마

하기 시작했습니다. 그래서 사람들에게 '쓸데없는 일'을 안할 수는 방법을 공모합니다. 채택된 공모안은 온 나라 국민들에게 홍보하여 캠페인을 하게 됩니다. '쓸데없는 일 안하기 생활 운동' 캠페인입니다. (모둠별로 '쓸데없는 일' 안하는 방법 고안하기. 서로 공유하면서 직접 경험해 보기)

참가자들의 내적 흐름
앞의 에피소드에서 쓸데없는 일을 안하도록 강제하는 것의 부자유스러움을 알아가기 시작한 참가자들은 이 에피소드에서 그것을 더욱더 분명하게 깨닫게 된다. 그러나 한편 그 부자유스러움과는 대조적으로 겉으로 환영을 받는 현실이 엄존하고 있음을 또한 알게 된다.

ㅂ. 국가 홍보 영상 만들기

에피소드	기호 및 기법
더 이상 쓸데없는 일을 사람들이 안한다고 생각한 왕은 자신이 다스리는 나라가 청정, 근면, 성실한 나라라고 자랑스럽게 생각하기 시작했습니다. 그래서 자신이 나라가 쓸데없는 일을 안하는 훌륭한 나라임을 알리는 홍보 영상을 만들었습니다. 그 홍보 영상에는 어떤 장면들이 홍보되고 있을까요? 모둠별로 움직이는 장면으로 나타내 보세요.	움직이는 장면

참가자들의 내적 흐름
이 에피소드는 앞의 에피소드에서 참가자들이 느낀 내적 상태를 더 강화시킨다. 쓸데없는 일을 안하는 데서 오는 부자유스러움. 그럼에도 그것이 높게 평가되는 현실. 이 대조적인 모습을 더 선명하게 느끼게 된다.

ㅅ. 반추적 사고하기

에피소드	기호 및 기법
교사와 참가자들이 함께 에피소드를 거쳐 오면서 느끼거나 생각했던 것들을 이야기 나누며 질문을 통해 의미를 구성한다.	반추적 사고

쓸데없는 일을 안하려고 노력해보고, 쓸데없는 일을 안하는 삶을 창송하는 홍보도 해보았는데, 어떤 느낌이 들었나요?
부자연스럽고 부자유스럽다는 느낌은 왜 들었을까요?
이렇게 쓸데없는 일을 안하면 부강한 나라가 될까요?
이렇게 쓸데없는 일을 안하게 되면 어떻게 될까요?
쓸데없는 일은 정말 쓸데없는 무가치하고 시간 낭비의 일일까요?
쓸데없는 일이 있어야 한다고 생각한다면 왜 그렇게 생각하나요?
왕을 설득할 수 있나요? 쓸데없는 일을 하게 되면 왕이 말한 것처럼 국가 산업이 발전하고 부강한 나라가 되는 데 방해가 되요.

참가자들의 내적 흐름
이제까지의 경험을 돌아보며 다시 생각해본다. 쓸데없는 일을 하며 느꼈던 부자유스러움이 어디서 유래했는지 살펴보면서 놀이의 필요성을 느껴본다. 그리고 쓸데없는 일의 무가치성을 주장하는 왕에게 어떻게 그 가치성을 주장할지 생각해본다.

○. 왕을 만나 설득하기

에피소드	기호 및 기법
참가자들이 왕을 만나 '쓸데없는 일 금지법'을 폐지해야 한다고 설득한다. 이때 교사는 왕의 역할을 한다. 왕은 '쓸데없는 일 금지법'이 국가가 부강하게 되는 데 중요한 법이라고 철석같이 믿고 있다. 국민의 역을 맡은 참가자들과 왕의 역을 맡은 교사가 이 에피소드에서 서로의 믿음을 바탕으로 첨예하게 부딪힌다. 이때 왕은 게임이나 도박 중독 같은 부정적인 예를 들기도 한다. 또한 지나친 장난이나 욕설 등, 놀이의 부정적 측면을 강화시킨다.	역할 내 교사 / 살아 보기 드라마

참가자들의 내적 흐름
왕을 만나 '쓸데없는 일'이 '쓸데 있는 일'임을 설득하는 과정에서 놀이가 지니는 긍정적, 부정적 측면을 보게 된다. 그래서 어떤 차원에서 놀이가 필요한지를 더욱 선명하게 깨닫게 된다.

ㅈ. 괴물의 출현(왕을 설득하는 데 실패했을 경우)

에피소드	기호 및 기법
왕을 설득하는 데 실패한 사람들은 쓸데없는 일을 그리워했고, 그로 인해 이 마을엔 이상한 괴물 같은 형체가 생겨났어요. 쓸데없이 마을 여기저기를 돌아다니면서 사람들과 어울리는 괴물 같은 형체입니다. 이 괴물은 이렇게 생겼습니다.(괴물 형상 제시) 이 괴물은 어떻게 생겨났을까요?(괴물이 어떻게 생겼는지, 어떤 경로로 만들어졌는지 모둠별로 정한다. 그리고 발표한다)	괴물인형/안전하게 역할입기

참가자들의 내적 흐름
앞의 에피소드에서 놀이의 필요성을 왕에게 효과적으로 설득하여 법 개정을 이끌어내는 데까지 성공하면 과정드라마는 끝난다. 그러나 실패했을 경우 과정드라마는 아홉 번째 에피소드로 이어진다. 설득에 실패하는 이유는 왕이 제기하는 놀이의 중독성에 대해 반론하지 못하거나, 놀이의 유희성/창조성을 적극적으로 설득하지 못한 데서 기인한다.
따라서 이 에피소드부터 놀이의 유희성/창조성을 알아가고, 중독성이 있는 활동은 놀이라고 부르기 어렵다는 사실도 알아간다.

ㅊ. 괴물이 하는 일

에피소드	기호 및 기법
사람들은 쓸데없이 마을 여기저기를 돌아다니며 사람들과 어울리는 이 괴물을 좋아했어요. 왜 못생기고 쓸데없는 일만 하는 이 괴물을 사람들은 시간이 흐를수록 좋아할까요? 괴물이 어떻게 사람들과 어울리길래 싫다고 하지 않고 좋아할까요? 괴물이 사람들에게 무엇을 하는지 모둠별로 움직이는 장면으로 보여주세요.	괴물인형/움직이는 장면

참가자들의 내적 흐름
이 에피소드에서 참가자들은 괴물로 상징되는 놀이가 지니는 유희성/창조성의 특징을 알 수 있게 된다. 짧은 시간에 도취되는 중독성이나 감각적 자극이 아닌, 시간이 흐를수록 좋아할 수 있는 특징을 포착함으로써 놀이의 특징을 알 수 있게 된다.

ㅋ. 괴물을 보호하기 위한 회의

에피소드	기호 및 기법
왕은 쓸데없이 마을 여기저기를 돌아다니며 사람들에게 시간 낭비하도록 만드는 괴물을 없애기로 했어요. 왕이 괴물을 없앤다는 소문이 파다하게 났습니다. 이 소문을 듣고 사람들이 모여 대책회의를 하기로 했습니다(교사가 회의를 주재하는 사람들 대표를 맡아 회의를 진행한다).	살아보기 드라마
참가자들의 내적 흐름	
앞의 에피소드에서 놀이를 유희성/창조성과 사람들과의 어울림의 측면에서 해석하는 방법을 알았기 때문에, 이번 에피소드에서 참가자들은 이를 보호하려고 한다. 보호하려는 행위를 통해 놀이가 지니는 가치를 내면화하게 된다.	

ㅌ. 괴물 보호하기

에피소드	기호 및 기법
열두 번째 에피소드는 바로 앞의 열한 번째 에피소드에 따라 달라진다. 회의에서 참가자들이 왕으로부터 괴물을 보호하기로 하고 괴물을 보호하는 방법을 구상하였다면, 이번 에피소드에서 괴물을 구출하는 장면을 정지장면이나 움직이는 장면으로 만든다. 그런데 만약 왕을 쫓아내기로 결정하였다면, 왕을 어떻게 쫓아내고 그 이후 '쓸데없는 일 금지법'을 어떻게 했을 것인지를 정지장면이나 움직이는 장면으로 만든다.	정지장면 혹은 움직이는 장면
참가자들의 내적 흐름	
괴물로 상징되는 놀이를 보호하는 행위를 통해 놀이는 삶에서 필요하고 보장해야 하는 것임을 각인한다.	

ㅍ. 반추적 사고하기

에피소드	기호 및 기법
교사와 참가자들이 함께 앞의 에피소드들을 되돌아보고 의견을 나눈	반추적 사고

다. 이때 교사는 참가자들의 의미를 확장하도록 도울 수 있는 질문을 한다.

괴물을 지키기 위해, 여러 가지 행동을 취하고 심지어 왕을 쫓아내기까지 했는데, 왜 괴물을 보호하려고 했나요?

여러분의 일상생활에 괴물과 같은 것이 무엇이 있나요?

쓸데없지만 필요한 일, 하고 나면 기분 좋아지면서 다른 것을 열심히 하도록 만드는 것들은 무엇이 있을까요?

이 괴물은 우리의 삶에서 어느 정도로 만나야 하는 것일까요?

괴물과의 만남을 조절할 필요가 있을까요?

참가자들의 내적 흐름

놀이를 유희성/창조성의 측면에서 이해하고, 그럼으로써 그 가치를 인식하게 된다. 그리고 놀이를 일상생활에서 어떻게 조절할지도 생각하게 된다.

9.3. 비판적 의미 구성을 위한 과정드라마(드라마 이벤트): 사과

(1) 초점 선정하기

비판적 의미 구성을 위한 과정드라마는 참가자들이 지니고 있는 지배적 가치체계를 비판적으로 바라보게 하여, 의미를 구성하도록 돕는 접근 방식이다. 이 방식은 지배적 의미체계에 의해 이성적으로 진행되는 드라마의 흐름이 전복되는 극적 순간을 필수적으로 포함하는데, 이 순간이 바로 '드라마 이벤트'이다. 드라마 이벤트는 지배적 의미체계에 균열을 내어, 이성에 기대는 것을 정지시키고, 상상을 활성화시킨다. 드라마 이벤트에서 참가자들은 적극적으로 상상을 개진한다.

'사과' 과정드라마는 핍박받는 공동체가 맞닥뜨린 아이러니한 상황을 통해 공동체가 무엇을 근간으로 공동체성을 유지할 수 있는지를 초점으로 삼았다.

(2) 플롯 구성하기

'사과' 과정드라마는 『백설공주』의 '사과'를 모티브로 가져와 공동체의 의미가 무엇인지를 묻는 드라마다. 이러한 질문을 탐색하기 위해, 플롯은 공동체의 지향성 드러내기, 지향성과 휴머니즘적 가치와의 충돌, 그리고 공동체의 의미 찾기로 구성되었다. 공동체가 지향하는 지점이 휴머니즘적 가치와 부딪혔을 때 드러나는 양상을 통해 '과연 공동체는 그 공동체성을 어떻게 정당화할 수 있는가' 하는 물음을 플롯의 기본 흐름으로 정하였다.

(3) 스토리 구성하기

무자비한 세금과 징병을 피해 깊은 산속으로 숨어들어와 사는 사람들에 대한 이야기이다. 이들은 폭정을 피해 숨어들어왔기 때문에, 산속에서의 일상이 풍족하지는 않으나 안전하게 유지하고, 언젠가 자비로운 왕이 왕위에 오른다면 자신들이 본래 살던 마을로 돌아가기를 꿈꾼다는 점에서 공통점이 있고, 이로 인해 공동체를 이루어 산다.

그러던 어느 날 이 마을에 자신을 왕족이라고 칭하는 한 소녀가 찾아와 살려달라고 말한다. 잘 모르는 사냥꾼에 의해 죽임을 당할 뻔했으나 가까스로 목숨을 건졌다고 말한다. 길을 헤매다가 이곳을 찾게 되었다고 말한다.

산속 공동체 사람들은 이 왕족을 어떻게 할 것인지 회의한다. 받아들일 것인지 말 것인지, 받아들이지 않게 되면 이 숲속에서 길을 잃어 목숨을 잃게 될 것이지만, 받아들이게 되면 나중에 공동체의 위치를 알려주게 되어 공동체가 위험에 빠질지 모르기 때문이다.

왕족은 이들 마음에 들기 위해 여러 가지 일을 한다. 그래서 공동체 사람들은 마음속으로 그를 받아들인다.

그러던 어느 날 왕족은 어떤 할머니 한 분이 주고 갔다면서 사과 하나를 꺼내 보인다. 이들에게 함께 먹자고 말한다. 사람들은 그에게 안전한지 안한지 어떻게 알고 그러느냐고 말한다. 그러자 왕족은 자신이 한입 깨물어 먹는다. 아무 일이 일어나지 않자 사람들도 다 같이 먹는다. 사람들은 낯선 사람을 들이지 말 것을 부탁하며, 그 할머니가 어떤 분 같으냐고 묻자 왕족은 그냥 좋은 분인 것 같다고 말한다. 다음에 오게 되면 더 많은 사과를 가져오겠다고 말했다고 왕족이 말한다.

그러던 어느 날 이 마을에 공주를 찾는다는 전단지가 날아온다. 후사하겠다는 왕의 말도 함께 덧붙여져 있다. 인상착의가 왕족과 비슷하다. 그녀를 왕에게 데려다 주면 이들은 체납을 하지 않은 것과 모병에 응하지 않은 것에 대한 죄를 용서받을 수 있을까 그리고 마을로 내려가 살 수 있지 않을까 생각한다.

그러던 어느 날 이 마을에 노파 한 분이 찾아온다. 공주를 왕에게 데려다주지 말고, 사과를 가져다 줄 테니 다음번에는 사과를 먹지 말 것을 얘기한다. 공주가 사라지면, 다음 번 왕은 자신의 딸이 될 테니, 그때 당신들 공동체의 안전과 무사귀환을 약속하겠다고 말한다.

공동체 사람들은 공주를 어떻게 할 것인지 회의한다.

그리고 공주는 사과 여러 개를 들고 들어온다. 지난번 오셨던 할머니가 여러 개의 사과를 주시면서 나눠 먹으라고 했다고 말한다. 공주는 하나의 사과가 썩어서 그것을 자기가 먹겠다고 말하며 나머지는 썩지 않고 멀쩡한 것들이니 공동체 사람들이 먹으면 좋겠다고 말한다. 그러면서 썩은 사과를 먹으려고 한다. 공동체 사람들은 어떻게 할 것인가?

교사를 위한 드라마(drama for teacher): 공동체의 의미 탐색하기				
참가자를 위한 드라마(drama for class): 공동체 구하기				
플롯	시퀀싱	참가자들의 내적 흐름 (내적 일관성)	기호	기법
공동체 세우기	병사가 세금을 걷고 징병하기	마을을 떠나 산속으로 들어갈 수밖에 없는 핍박자로서의 정체성을 갖게 됨		정지장면 만들기
	깊은 산속에서 채취하거나 기를 수 있는 곡물 그려보기	산속에서 살면서 어렵게 연명하는 사람들이라는 공통점을 갖게 됨	곡물 그림	안전하게 역할입기
낯선이의 방문	왕족의 등장과 산속 공동체 회의	새로 온 구성원이 공동체를 탄생하게 한 장본인이라는 부정적 인식이 있어, 그를 배척할 것인가 수용할 것인가 하는 갈등을 통해 공동체성에 대한 의문을 갖기 시작함		살아보기 드라마
	왕족의 수용	왕족을 받아들이게끔 하는 왕족의 행위를 통해 새로운 이질적인 구성원을 맞게 됨		정지장면 만들기
공동체의 위기	사과 권유하기	왕족이 공동체에게 사과를 권유하는 행위를 통해 이질적 구성원의 친절한 행위와 이것이 불러일으키는 위기감이 함께 느껴짐	사과	살아보기 드라마
	전단지	공주의 모습이 담긴 전단지를 보고 공동체의 앞날을 논의하기 시작함	전단지	살아보기 드라마
	노파와의 만남	사과를 먹임으로써 공주를 없애고 공동체의 안위를 보장하겠다고 노파가 제안함. 공주는 심성이 착해 공동체 사람들이 먼저 사과를 먹어야 자신도 먹으니, 먼저 공동체 사람들이 사과를 맛있게 먹어야 한다고 말함. 만약 이 제안을 받아들이지 않으면 산속 공동체를 밀고하겠다고 위협함. 노파의 제안에 대해 회의하기. 이런 회의를 통해 공동체의 번영과 안정을 추구하는 경험해보기		살아보기 드라마
공동체의 위기	공주와의 만남	사과를 여러 개 들고 들어와 썩은 것은 자신이 먹을 테니 성한 것을 먹으라고 권유하는 공주를 통해 공동체성의 의미를 탐색하기	사과	살아보기 드라마

(4) 시퀀싱

① 무리하게 세금을 걷고 징병하기

에피소드	기호 및 기법
마을에서 병사들이 무리하게 세금을 걷고 징병하는 상황을 정지장면	정지장면

으로 만든다.	
참가자들의 내적 흐름 마을에서 핍박받는 느낌을 함께 공유한다.	

② 산속 마을에서 채취하거나 길러 먹을 수 있는 곡물이나 과일

에피소드	기호 및 기법
핍박받아 깊은 산속으로 피해온 마을 사람들은 함께 모여 공동체를 이루어 산다. 이들이 채취하거나 길러 먹을 수 있는 곡물이나 과일을 그려본다.	그림/안전하 게 역할입기
참가자들의 내적 흐름 마을에서 핍박받아 이를 피해와 최소한의 음식으로 일상을 함께 연명하는 사람들이라 는 역할을 설정한다.	

③ 낯선 왕족 등장하기

에피소드	기호 및 기법
산속 공동체에 길을 잃고 헤매던 사람이 나타난다. 자신을 왕족이라고 칭하는 사람은 목숨을 살려 줄 것을 애원한다. 이에 마을 사람들은 회 의를 한다.	살아보기 드 라마, 역할 내 교사
참가자들의 내적 흐름 왕족의 등장으로 인해 산속 공동체 사람들은 자신들이 피해자라는 사실을 다시 한번 상기하면서, 낯선 이를 어떻게 처리할 것인가에 대한 고민을 통해 공동체의 의미를 생각하기 시작한다. 그러나 이 단계에서는 아직 깊게 들어가지 않고 낯선 이의 생명을 지켜주는 테두리로서 공동체를 설정하기 쉽다.	

④ 공동체의 일원으로 받아들여지는 왕족

에피소드	기호 및 기법
왕족이 어떤 행위를 했을 때 공동체 사람들은 그를 우리의 공동체 일원 이라고 여길까? 그 행위를 정지장면으로 만들어 본다.	정지장면

<table>
<tr><td colspan="2">참가자들의 내적 흐름
왕족을 공동체로 받아들이는 행위를 통해 공동체성을 확인한다.</td></tr>
</table>

⑤ 할머니에게서 받은 사과 권유하는 왕족

에피소드	기호 및 기법
왕족이 낯선 할머니에게서 받은 사과를 공동체 사람들에게 권한다.	사과/살아보기 드라마, 역할 내 교사
참가자들의 내적 흐름 사과를 권하는 왕족을 통해 위기감을 느끼게 되나, 공동체를 염려하는 왕족의 마음 또한 느낀다.	

⑥ 공동체 마을에 뿌려진 공주를 찾는 전단지

에피소드	기호 및 기법
공주를 찾고 있으며 공주를 찾아주는 사람들에게 후사하겠다는 전단지를 누군가 가져온다. 산속 공동체 사람들은 공주를 왕에게 데려다주는 것이 공동체에게 어떤 이득이 될지 토의한다.	전단지/살아보기 드라마
참가자들의 내적 흐름 공동체의 안정을 어떻게 취할 것인가 탐색한다.	

⑦ 산속 공동체를 찾아온 낯선 노파

에피소드	기호 및 기법
산속 공동체를 한 노파가 찾아온다. 공주를 왕에게 데려다주지 말고 없애자고 말한다. 다음번에 공주에게 사과를 가져다 줄 때, 썩은 사과와 성한 사과를 섞어 가져다 줄 거라고 말한다. 공주는 심성이 착해 썩은 사과를 먹을 것이라고 말하면서, 썩은 사과에 독이 들어 있을 테니 성한 사과를 먹으라고 말한다. 공주가 사라지면 다음 번 왕은 지금 현재의 왕비의 아들이 될 테니, 그때 산속 공동체의 안전과 무사귀환	살아보기 드라마, 역할 내 교사

을 약속하겠다고 노파가 말한다. 이 제안을 받아들이지 않으면 공동체
는 위험에 빠질 거라고 위협한다. 이 말을 듣고 산속 공동체 사람들은
회의를 한다.

참가자들의 내적 흐름
공동체의 안정을 추구하는 마음과 공주에 대한 마음이 갈등하기 시작한다.

⑧ 사과를 권유하는 공주

에피소드	기호 및 기법
공주가 사과 여러 개를 들고 들어온다. 지난번 오셨던 할머니가 여러 개의 사과를 주시면서 나눠 먹으라고 했다고 말한다. 공주는 하나의 사과가 썩어서 그것을 자기가 먹겠다고 말하며 나머지는 썩지 않고 멀쩡한 것들이니 공동체 사람들이 먹으면 좋겠다고 말한다. 그러면서 먼저 사과를 드시라고 말한다. 그래야 자신도 먹겠다고 말한다. 과연 공동체 사람들은 어떻게 할 것인가? 사과를 먹을 것인가? 말 것인가? 공동체 사람들이 사과를 먹게 되면 공주는 죽게 될 것이다. 그러나 먹지 않으면 그들 공동체의 안전은 보장할 수 없다.	살아보기 드라마, 역할 내 교사

참가자들의 내적 흐름
공주를 내침으로써 공동체의 안정을 구하려는 마음이 앞서는 상황에서 썩은 사과를 대신 먹겠다는 공주의 말은, 그들이 지키려고 하는 공동체의 존재에 대해 의문을 갖게 한다. 공동체와 공주와의 관계를 통해 무엇이 중요한지를 생각하게 된다.

⑨ 반추적 사고하기

에피소드	기호 및 기법
앞의 에피소드에서 공주가 사과를 먹으려고 한 순간 어떤 생각이 들었는지 각자 이야기 나눠본다. 공동체를 걱정하는 공주를 내치는 것이 과연 옳은지 그리고 그러한 공주를 없애면서 까지 공동체를 지킬만한 가치가 있는 것인지 함께 토의한다.	반추적 사고

참고문헌

김경용, 『기호학이란 무엇인가?』, 서울: 민음사, 2008.

김열규, 『공부』, 서울: 비아북, 2010.

김종학, 「조일수호조규 체결과정 연구: 근대로의 이행?」, KAIS 2015 하계학술 대회 발표문, 2015.

김주연, 「드라마의 교육 방법적 활용방안모색 - 과정드라마를 통한 개념 탐구」, 『드라마연구』 제38호(통합 제16권), 2012, pp.81-109.

김학준·김성봉, 「대안적 교실커뮤니케이션 모형 탐구」, 『교육학연구』 vol.49, no.1, 2011, pp.35-62.

류완영, 「구성주의에서 의미의 의미」, 『교육공학연구』 30권 1호(통권 79호), 2014, pp.1-18.

모리야마 미야코, 『노란 양동이』, 양선하 역, 서울: 현암사, 2001.

박수자, 「구성주의와 언어 학습 경험」, 『국어교육연구』 5집, 서울: 서울대학교 교육종합연구원 국어교육연구소, 1998, pp.143-176.

박현경·김운기, 『배낭을 멘 노인』, 서울: 문공사, 2005.

신헌, 『심행일기』, 김종학 역, 파주: 푸른역사, 2010.

에리히 프롬, 『소유냐 존재냐』, 차경아 역, 서울: 까치, 2007.

유설화, 『슈퍼 거북』, 서울: 책 읽는 곰, 2014.

유한구, 『교육이론과 교육 정책』, 서울: 성경재, 2002, p.264.

이민희, 『강화고전문학사의 세계』, 인천: 인천학연구원, 2012, pp.257-258.

이찬주, 「교수학습과정의 기호학적 고찰」, 『교육철학』 vol. 35, 2008, pp.377-396.

이찬주·박범석, 「교수 학습 과정의 기호학적 탐구」, 『한국 교육문제연구』 vol.16. 2005, pp.85-97.

허영주, 「교육매체의 재개념화를 통한 교사 역할의 탐색」, 『교육학 연구』 43권 4호, 2005, pp.171-193.

Bearne, E.. Multimodal texts: What they are and how children use them(pp. 16-30) In J. Evans(Ed.), *Literacy moves on: Using popular culture, new technologies and critical literacy in the primary classroom*, London: David Fulton Publishers, 2004.

Bolton, G., *Drama as Education*, Longman, 1984.

Bolton, G., 교실연기란 무엇인가?, 김주연 · 오판진 역, 서울: 연극과인간, 2012.

Bowell, p. and Heap, B., *Planning Process Drama*, London: David Fulton Publishers, 2001.

Davis, D., *Imagining the Real*, London: Trentham Books, 2014.

Edmistion, B., Dialogue and Social Positioning in Dramatic Inquiry: Creating with Prospero, in *Dramatic Interactions in Education: Vygotsky and Sociocultural Approaches to Drama, Education and Research*(pp.79-96), London: Bloomsbury, 2015.

Eisner, E., Preparing for today and tomorrow, *Educational Leadership*, 61(4), 2004, pp.6-10.

Gee, M., 'The contribution of drama' In Fautley, M., Hatcher, R., and Millard, E. *Remaking the Curriculum: Re-engaging young people in secondary school*, Stoke-on-Trent: Trentham Books, 2011.

Gillham, G., 'What life is for: Analysis of Dorothy Heathcote's "levels" of explanation,' *Theatre and Education Journal*, 1, 1988, pp. 31~39.

Heathcote, D., Contexts for Active learning - Four models to forge links between schooling and society - Presented at the NATD conference, 2002.

Neelands, J. & Goode, T., *Structuring Drama Work*, Cambridge: Cambridge University Press, 2000.

Neelands, J. & Goode, T., 『스트럭처링 드라마』, 이시원 역, 파주: Books Dala, 2011.

O'Neill, C., *Drama Worlds*, Canada: Pearson Education Canada, 1995.

Piazza, C., *Multiple forms of literacy: Teaching literacy and the arts*, Upper Saddle River, NJ: Prentice Hall, 1999.

Rasumussen, B., The 'good enough' drama: reinterpreting constructivist aesthetics and epistemology in drama education, *RIDE: The Journal of Appllied Theatre and Performance*, Vol.15, No. 4, 2010, pp.529-546.

Richard Courtney, 『교육연극 교육과정론』, 황정현 역, 서울: 박이정, 2010.

Roper, B. & Davis, D., Howard Gardner: Knowledge, learning and development in drama and arts education, *Ride*, Vol. 5, No.2, 2000, pp.217-233.

Shillingford, L., *An Exploration of the Self-spectator construct*, BCU unpublished MA Dissertation, 1994.

Shuh, K. L. & Barab, S. A., Philosophical perspectives. In J. M. Spector, M. D. Merrill, J. V. Merrienboer, & M. P. Driscoll (Eds.), *Handbook of research on educational communications and technology* (3rd ed.) (pp.69-75), New York: Taylor & Francis Group, 2008.

The New London Group, A Pedagogy of Multiliteracies: Designing Social Futures, vol.66, no.1, *Harvard Edcuational Review*, 1996, pp.60-93.

Wooster, R., "Emotional involvement or critical detachment?", *Drama Magazine*, Summer, 2004, pp.14-20.

Dice, http://www.dramanetwork.eu/educational_drama.html, (2015.11.2)

http://www.newliteracies.com.au/what-are-new-literacies?/138/ (2016.1.16)

부 록

드라마를 통한 사회세계의 이해

사회과에서 예술을 활용한 대표적 예로 교육연극은 자주 거론되고 있다. 이에 교육연극을 활용한 사회과 교육에 대한 연구도 다양하게 이루어져 왔다. 그런데 이러한 연구들에서 교육연극의 활용은 그 기법을 차용하는 정도에 머무르고 있다. 교육연극의 방법적 활용을, 단순한 기법 차용 수준에서 접근하는 것은, 예술이 가져다 줄 수 있는 실제적이며 통찰적 앎을 제한하는 결과를 초래할 수 있다. 기법을 활용하는 수준에 그치는 것이 아니라 그 활용 원리, 즉 예술의 미적 작동 원리를 이해하고, 이러한 원리가 사회과와 어떤 공통분모를 갖는지 탐구한다면 예술 활용 교육의 효과를 극대화할 수 있을 것이다. 그리하여 본 연구는 교육연극의 미적 작동 원리를 탐구하여 이를 메타시스와 미적 참여로 보고 이를 사회과와 만날 수 있는 지점으로 보았다. 이를 실제 수업에 적용한 결과 아동들의 인식이 좁은 주관적 세계에서 사회라는 넓은 지평으로 나아가는 변화를 보였으며 자발적 탐구 의욕까지 끌어내는 결과를 가져왔다. 따라서 본 연구는 교육연극을 사회과 교육에 활용할 때 기법적 차원으로서가 아닌, 미적 원리의 이해를 바탕으로 한 접근으로, 그 접근 방식이 다소 수정될 필요성이 있음을 제안해본다. 이렇게 하였을 때, 예술이 제공할 수 있는 실제적이고 통찰력 있는 앎이 근본적인 수준에서 이루어질 수 있을 것이다.

Ⅰ. 들어가기

모경환(2008: 55)은 사회과에서 예술은 크게 "사회과 수업에 활용되어 학생들이 사회적 세계를 이해하는 데 도움을 주는 측면과 다양한 재능을 소유한 학생들의 학업과 평가에 도움을 주어 교육 평등에 기여하는 측면"을 지닌다고 밝혔다. 이 글에서는 학생들의 사회적 세계 이해를 확장할 수 있는 방식으로서 교육연극 활용을 탐구하고자 한다.

모경환은 같은 글에서, 이러한 예술 활용의 한 방법으로서 공연예술을 들며, 공연예술 가운데에서 교육연극(D.I.E: Drama in Education) 수업을 그 예로 거론하였다. 이처럼 교육연극은 예술이 교육에 어떻게 적용될 수 있는가를 보여주는 예로 자주 거론된다. 사회과 교육에서도, 유용한 방법으로 인식되어 다양한 시도들이 있어 왔다(이선영, 2009; 이주진, 2009; 소꿉놀이, 2008; 구민정·권재원, 2008; 김미양, 2006; 김지영, 2005). 이들의 연구는 교육연극 방법을 사회과의 다양한 방면에 적용하여 질적, 양적으로 그 효과를 기술한 뒤, 교육연극이 아동의 사회성 발달과 사회과가 요구하는 인식, 가치 및 태도에 긍정적인 효과를 미친다는 연구 결과를 보여주었다. 지리 교육, 환경 교육, 민주시민 교육 등등 사회과의 다양한 영역에서 교육연극적 방법을 활용한 수업 모형을 만들었다. 하지만 본 논문의 목적은 또 하나의 수업 모형을 첨가하는 것이 아닌, 지금까지 시도되었던 모형들을 좀더 보완, 발전시킬 수 있는 교육연극 적용 원리에 관한 탐구이다.

위에서 언급된 연구들에서 연구자들은, 한국에 흔히 '연극 관습 혹은 드라마 관습(convention)'이라고 소개된 활동들을 수업에 활용하면서 이를 교육연극의 적용이라고 명명하였다. '연극 관습 혹은 드라마 관습'은 Dorothy Heathcote(Johnson & O'Neill, 1984)가 학교에서 활용한 연극 관습들로부터 시작하였다. 그러나 이것이 널리 알려지게 된 계기는 Jonathan Neelands(1990)가 이를 정리하여 한 권의 책 *Structuring Drama Work*으로 출판하면서부터이다. 교육연극 방법으로 알려지고 있는 즉흥극, 정지동작, 토론(Forum) 연극, 핫 시팅(Hot Seating), 조각 만들기 등등이 바로 이 책에 담긴 드라마 관습의 부분들이다. 이렇게 드라마 관습이 정리됨으로써 교사들의 교육연극에 대한 접근성은 확대되어, 마치 매뉴얼이 제공되는 것과 같은 효과를 가져왔다. 그러나 이러한 긍정적 효과와 더불어 염려되는 점은 자칫 교육연극 방법 적용이 이러한 드라마 관습의 기계적 적용에 그치지 않을까 하는 점이다(Davis, 2005). 번디(Bundy, 2003a) 또한 이 점을 지적하면서 교육연극 적용시 교육연극에 작용하는 미학 원리를 구현할 것을 촉구하였다. 이러한 미학원리 구현은 교육연극이 방법으로서 효과를 극대화할 수 있는 길이 되기도 한다는 점을 시사하였다.

위와 같은 지적은 교육연극을 활용하여 사회과 수업에 적용한 연구들에도 시사하는 바가 크다. 드라마 관습들을 활용하였으나, 미학원리를 고려하지 않은 채 진행되어 수업 계획들이 지닌 잠재성이 제대로 실현되지 못한 점들이 엿보였다. 예를 들어 5학년 1학기 사회과에서 '촌락 문제 해결하기'를 목표로 삼은 수업에서 교사는 역할입기와 정지동작, 편지와 일기라는 드라마 관습을 활용하여 접근하였다(소꿉놀이, 2008: 246-248). 편지와 일기를 통해서 가상의 인물이 겪는 어려움을 함께 느끼고 이를 직접 정지동작으로 표현해 봄으로써 촌락 문제를 좀더 구체적으로 느끼게 하였다. 드라마 관습이 문제의 구체성과 접근성을 높이는 효과를 가져왔다. 그러나 이후 드라마 관습은 더 이상 활용되지 않아, 문제 제시적 차원의 활용에 머무르고 문제 해결 단계에 별다른 영향을 끼치지 못한다. 만약 편지나 일기에 소개된 어려운 상황을 학생들이 드라마 세계 안에서 경험했더라면 문제 해결 단계까지 나아갈 수 있었을 것이다. 따라서 이 글에서는 교사들이 교육연극을 활용하는 데 있어 필요한 교육연극의 미적 작동 원리를 살펴보고 실제 어떻게 수업에 적용되며 어떤 효과가 있는지 질적 연구(qualitative research)를 통해 보여주고자 한다.

Ⅱ. '메탁시스'와 '미적 참여'를 통한 사회적 세계 이해

모경환(2008: 64)은 예술이 교육에서 다뤄질 수 있는 이유를 다음과 같이 말했다.

사회과학이나 자연과학이 공적인 성격을 지니고 있다는 것에 대해서는 대중적인 합의가 존재하는 반면, 예술은 흔히 개인적인 충동이나 취향의 표현 혹은 기분 전환의 도구로 간주되곤 한다. 그러나 예술은 그 본질상 언어의 한 형태로서 의사소통을 목적으로 한다. 즉, 예술의 과정 혹은 그 산물은 정도의 차이는 있을지 몰라도 당대의 기호 체계와 밀접하게 결부되어 있다. 기호와 상징이 사회적 상호작용의 산물인 동시에 도구인 만큼 예술 역시 사회적 역동과 필연적인 관계에 있다.

이러한 모경환의 주장은 Hauser의 연구에 기반하고 있다. 예술과 사회의 관계를 선사시대부터 고대, 중세, 근세를 거쳐 현대시대까지 규명한 Hauser(1983)는 예술이 사회적 성격을 지니고 있음을 일관되게 밝히고 있다. 이러한 이유로 모경환은 예술이 교육에서 중요하게 다루어져야 한다고 말한다. 예술 일반과 사회과와의 관계에 대한 위의 설명은 교육연극 분야에 한정하여 기술할 시에도 타당성을 지닌다.

2차세계대전 이후 약 30여 년간 영, 미 교육연극은 '자기표현(self-expression)'이라는 슬로건 아래 진행되었다. 즉흥극, 즉흥 움직임, 감각 훈련을 통해 자기를 찾고 자기 안에 내재해 있는 예술적 재료(resources)를 끄집어낸다고 설명되었다. 그러나 그렇게 끄집어내어지는 예술적 재료가 사회적 상호작용에 의해 만들어진 기호와 상징으로 이뤄졌다는 구조주의(structuralism)의 도래로 '자기표현'이라는 말은 타당성을 의심받게 된다. 더불어 70년대 중반에 나타난 교육연극 혁신가 영국의 Dorothy Heathcote의 방법론과 그 뒤를 이어 그녀의 방법론을 발전시킨 실행가들로 인해 교육연극은 개인이 아닌 다른 곳을 바라보게 된다(Bolton, 1998).

　Heathcote 이전의 실행가들이 자기만의 공간을 찾은 뒤 자신이 느끼고 생각하는 것들을 표현하라고 주문했다면, Heathcote는 가치와 행위의 규범을 지닌 집단으로부터 드라마를 시작할 것을 주문한다. 드라마에 참가한 참가자들이 역할입기를 할 때, 그 역할이 속해 있는 집단의 가치, 믿음, 관념을 받아들이는 것이다. 역할을 입는다는 것은 그 역할이 속한 집단이 규정하는 정체성(identity)을 자기 것으로 생각함으로써 드라마를 시작한다는 것을 의미한다. 이렇게 드라마를 시작한 참가자들은 자신들이 속한 허구 속 집단의 삶의 양식을 삶의 속도(life-rate)대로 살게 된다. 즉 주어진 집단의 코드에 따라 재현 없이 마치 일상생활을 사는 것처럼 살게 되는 것이다. 이는 재현(representation)으로 흔히 해석되는 연극(theatre)과 다르다. 이러한 Heathcote의 방법을 '살아보기(living through)' 기법이라고 한다. 재현이 아닌 직접 살아보는 것, 직접 경험하는 것이다. 이렇게 살아보고 난 뒤 Heathcote는 참가자들에게 어떤 문제들이 일어났고, 그걸 어떻게 해석하며, 해결할 것인지를 물었다. 그리하였을 때 드라마에 참가한 참가자들은 드라마가 진행되는 동안 발생하는 문제들에 대해 자신의 생각과 느낌이 이러 이러하다고 표현하는데, 이는 다분히 심리적이고 현상학적 해석으로 흐르게 된다(Bolton, 1998). 이렇게 되면 비록 집단의 가치, 믿음, 개념의 시스템이 드라마를 시작하게 하는 중요한 장치가 될지라도 교육연극은 여전히 개인의 취향이나 기분을 표현하는 차원에서 벗어나지를 못한다. 허구 속에서 '살아보기'를 하고 난 뒤 Heathcote가 던진 질문은 문제를 사회적, 문화적 지평에서 이해하도록 자극하지 못하였다(Bolton, 1998).

그러나 이후 등장한 Gavin Bolton은 드라마에서 일어나고 있는 문제를 좀더 넓은 지평에서 볼 수 있게 만드는 질문을 던졌다. 즉 어떠한 행위나 오브제에 숨겨진 힘의 역학 관계나 가치의 체계나 사회규범이 무엇인지, 그리고 그것들이 어떻게 문제를 양산하는지 볼 것을 요구하였다. 이렇게 되었을 때 드라마에 참가한 참가자들은 더 이상 자신의 기분이 어떠했고 그러므로 누가 나쁘고 좋고, 그래서 이럴 때는 앞으로 이렇게 해야겠다 등의 주관적 심리적 해석을 하는 것이 아니라 자신의 기분이 왜 그렇게 되었는지, 누가 나쁘다고 생각한다면 그 나쁨의 기준은 어디에서 비롯되었는지 등을 탐구하게 된다. 즉 개인의 문제를 사회, 문화, 정치, 경제 시스템의 차원에서 이해하는 안목을 지니게 된다. 이러한 이해 방식은 개인을 사회와 관련하여 탐구하는 사회 과학의 영역과 겹친다. 김우식(2004: 11)은 사회과학이 "여러 사람들이 모여 사는 사회에서 경제, 교육, 사회적 상호작용, 복지, 정치 등 다양한 영역에서 관심을 끄는 주제에 대해 개인과 사회 구조의 행동과 모습에 대한 지식을 축적"하는 분야로 설명하면서 이해의 대상이 개인일 수도 있고 개인들이 모인 사회의 구조 자체일수도 있다고 밝히고 있다. 이때 강조되는 것은 "개인을 이해할 때에도 사회과학은 사회의 존재를 전제한다"(김우식, 2004: 12)는 사실이다. 인간을 사회의 여러 다른 측면, 즉 정치, 경제, 문화, 사회제도로부터 이해하는 관점을 연 사회과학이 축적한 기본적 지식과 탐구 방법은 사회과에서 추구해야 하는 지식과 기능으로 포함되었다(초등학교 교사용 지도서, 2010). 사회과에 포함된 이러한 사회과학의 여러 연구 지식들이 바로 드라마에서 메탁시스적 경험으로 접근할 수 있는 영역이다. 메탁시스를 통한 사회적 세계 이해는 개인의 경험을 사회의 여러 다양한 구조와 관련하여 해석할 수 있는 사회과학적 이해 방식을 일컫는다. 이 영역에서 사회과와 메탁시스는 만나게 된다.

더 나아가, Bolton의 이러한 드라마는 이해와 더불어, 실제세계의 삶을 변화시킬 수 있는 가능성도 함께 마련해준다. 참가자들은 드라마 속 경험을 현실로 연장하여, 드라마 속 경험이 현실의 삶에 영향을 끼치게 된다. 이러한 양상은 드라마를 삶의 모방으로 보았던 미메시스(mimesis)가 아닌 드라마와 삶이 함께 공존하며 영향을 주고받는 메탁시스(metaxis)의 형태를 띠게 된다. 메탁시스는 브라질의 Augusto Boal이 억압받는 자들의 연극을 하면서 그들의 드라마 경험이 실제 그들의 삶에 영향을 끼치는 상황을 미학적으로 설명한 용어이다(Neelands, 1994). Davis(2005: 141)는 Bolton의 이러한 드라마적 방법을 다음과 같이 설명하였다.

허구의 세계에 들어 있는 참가자들은 드러나지 않는 가치, 규범 시스템을 볼 때, 현실세계의 관점, 가치, 규범, 개념들을 비교하게 된다. 그리하여 허구세계와 현실세계의 관점, 가치, 규범, 개념들은 서로 도전을 주고받으며 충돌하여 새롭게 조정, 조직, 폐기되는 과정을 거친다.

이러한 Davis의 설명은 교육연극이 사회적 세계 이해를 가능하게 할 뿐 아니라 무의식적으로 지니고 있던, 사회의 주된 가치, 규범, 개념들을 수면 위로 떠올려 새로운 관점으로 읽게 하고, 변화의 계기도 제공해 줄 수 있음을 시사하고 있다.

'살아보기'를 통한 메탁시스적 현실세계 이해가 바로 교육연극이 사회과와 만날 수 있는 지점이라 할 수 있다. 현실세계의 이해가 현실세계와 다른 허구세계를 직접 경험함으로써 가능해진 것이다. 느낌, 감정, 생각, 행위 모든 것을 포함하여 허구세계를 실제 삶의 속도로 직접 살며 앎에 이르는 이러한 과정을 Bundy는 '미적 참여(aesthetic engagement)'라고 명명하였다.

Bundy는 이해나 앎에 도달하기 위해서는 미적 참여가 선결 조건이라고 주장하였다. Bundy(2003a)가 말하는 미적 참여란 인식, 감정 그리고 행위를 모두 포함하는 것을 가리킨다. 이는 "생각하면서 느끼는(thinkingly feeling)" 것이거나 혹은 "느끼면서 생각하는(feelingly thinking)" 것을 말한다(Bundy, 2003a: 172). Bundy는 이러한 미적 참여에 이르는 과정을 세 단계로 세분하였는데 이는 연결(connection), 활성화(animation), 고양된 의식(heightened awareness)이다(Bunday, 2003 a).

Bundy에 의하면 연결은 참가자들이 자신들의 경험 중에서 프로그램이 상기시키는 아이디어와 연결되는 지점을 찾는 것을 말한다. 드라마 활동을 통해 자신의 경험을 연상하는 것이다(Bundy, 2003a). 활성화는 자극을 받아 흥분해 있는 상태로, 좀더 살아 있다고 느끼며 주변 상황에 좀더 민감하게 반응하는 상태를 일컫는다(Bundy, 2003a). 고양된 의식은 연결과 활성화를 경험함으로써 얻어지는 결과물인데 이 상태가 되면 전에 생각해보지 못했던 문제에 관해 많은 질문을 던지게 된다(Bundy, 2003 a). 그래서 드라마의 직접적 경험에 집중하기보다는 그 경험에서 발생하는 생각들이 던지는 질문에 집중하기 시작한다.

이러한 과정을 거쳐 참가자들은 자신의 이야기와 다른 사람의 이야기를 비교하면서 자신의 경험을 되돌아보고 또한 타인과 소통하게 된다. 이러한 되돌아봄은 참가자 자신이 지니고 있는 가치, 신념에 대해 그리고 더 나아가 그 가치나 신념이 어디서 비롯되었는지를 비판적으로 바라보게 만든다(Nicholson, 2000). 이렇게 됨으로써 세계는 사회라는 더 넓은 지평에서 읽히게 된다.

이상과 같이, 메탁시스와 미적 참여를 통한 사회적 세계 이해는 모경환이 밝힌 예술적 접근 방식과 일치한다: "과학으로 설명하기 어려운 삶의 정서적, 직관적, 비이성적 측면을 탐구하도록 만들기 때문에 더욱 실제적이고 통찰력 있는 교육을 제공한다"(모경환, 2008: 56).

교육연극에서 가능한 세계에 대한 이해는 메탁시스적 상태에서 비롯되며 이는 '미적 참여'라는 과정을 통해 가능하다. 따라서 '드라마 관습'들은 이러한 원리를 구현할 수 있는 방향으로 적용되었을 때 방법적 효과를 극대화할 수 있을 것이다.

III. 연구방법

본 연구는 Heathcote의 '살아보기' 방법을 주 골격으로 하여 교육연극에서 사용되고 있는 다양한 '드라마 관습'을 메탁시스적 반성 원리와 '미적 참여'라는 과정에 맞추어 수업을 구성하였다. 이렇게 수업을 구성하여 진행하였을 때 아동들의 사회과에 대한 실제적이고 통찰력 있는 앎이 어떻게, 얼마나 일어나는지 연구하였다. 따라서 본 연구에서 수집되는 데이터는 다음의 질문과 관련하여 수집되었다.

● 교육연극 프로그램에 참여함으로써 학생들은 문화, 정치, 사회와
   사회 구성원 간의 복잡한 관계를 얼마나 이해하게 되었는가?

위에서도 밝혔듯이 이러한 이해는 미적 참여를 통해서 가능하다고 보았으므로, 본 논문은 학생들의 미적 참여도를 측정하기 위해 Bundy(2003a)의 모형을 선택하였다. 미적 참여가 연결, 활성화, 고

양된 의식의 과정을 거친다고 한 Bundy는 '신뢰'와 '일관성' 요소를 더함으로써 미적 참여라는 경험을 확대시킬 수 있다고 덧붙였다 (Bundy, 2003a). Bundy는 신뢰가 일곱 영역에서 이뤄진다고 보았다 (2003a: 179): "교사를 신뢰하는가; 참가자 상호 간의 상호작용이 신뢰할 만한가; 다른 참가자들의 신체적, 감정적, 지적 반응이 신뢰할 만한가; 참가자 자신의 반응이 적절한가; 참가자들 사이에서 자신의 멤버십이나 위치가 적절한가; 참가자 자신들이 자신들에 대해 갖는 이미지나 인식 그리고 공적 영역에서 자신의 내밀한 세계를 여는 것을 안전하게 느끼는가?" 이와 같은 신뢰가 성립되면 참가자들의 미적 참여가 확대된다고 보았다.

'일관성'과 관련하여 Bundy는 세 가지 일관성을 확보했을 때 '미적 참여'를 경험할 수 있는 기회가 확대된다고 하였다: "참가자와 참가자들이 펼치는 행위가 일관되는가; 주어진 상황에서 참가자들이 보이는 반응이 적절성을 일관되게 유지하는가; 참가자들이 교사가 제공하는 형식과 스타일을 일관되게 읽는가"(2003a: 179)

이상과 같이, Bundy의 '미적 참여' 개념을 도입하여 본 연구는 미적 참여의 다섯 가지 구성 요소, 즉 신뢰(trust), 일관성(integrity), 활성화(animation), 연결(connection), 고양된 의식(heightened awareness)을 학생들이 문화, 정치, 사회와 사회 구성원 간의 복잡한 관계를 얼마나 잘 이해하고 있는가를 재는 척도로 사용하였다. 그리하여 위의 구성 요소들이 학생들이 일기를 쓸 때와 인터뷰를 할 때 중점적으로 질문의 형태로 던져졌다. 학생들이 일기를 쓸 때와 인터뷰를 할 때 중점적으로 던져진 질문들은 다음과 같다.

<표 Ⅲ-1> 일기와 인터뷰의 질문

질문들	질문하고자 하는 미적 참여 과정의 요소
1. 드라마에서 가장 강렬했던 순간은 언제였나요? 2. 왜 그것이 그토록 강하게 느껴졌나요? 그 순간에 어떤 느낌, 생각이 들었는지 설명해 주세요.	신뢰, 일관성, 활성화, 연결
3. 드라마를 하는 동안 새롭거나 한 번도 경험해보지 못한 생각, 행위, 의견에 맞닥뜨린 적이 있나요?	신뢰, 일관성, 활성화, 고양된 의식
4. 드라마를 하는 동안 흥미를 느낀 활동이나 역할이 있었나요? 왜 그렇게 느꼈는지 설명해주세요.	신뢰, 일관성, 연결
5. 드라마를 하는 동안 불편하거나 어렵다고 느낀 활동, 느낌, 생각들이 있나요? 왜 그렇게 느꼈는지 설명해 주세요.	신뢰, 일관성, 활성화
6. 영화, 연극, 책을 보고 나면 저는 때때로 몇몇 대목에 감동을 받아 저의 생각, 느낌 혹은 행동이 변하거나 혹은 혼자 남겨졌을 때 그것들에 대해 골똘히 생각하게 되는데, 혹시 오늘 경험한 드라마 중 여러분에게 이런 일을 가능하게 할 거 같은 대목이 있었나요?	고양된 의식

관찰과 관련하여서도 위의 다섯 가지 구성 요소가 관찰 계획서의 체크 문항으로 선정되었다. 그런데 관찰은 일기나 인터뷰와 달리 타인이 학생들의 모습을 관찰하여 판단하므로 좀더 구체적이고 세밀한 설명을 요했다.

이에 Bundy(2003b)는 신뢰, 일관성, 연결, 활성화, 고양된 의식이라는 미적 참여에 관여하는 이 요소들이 학생들의 실제 드라마 경험에서 어떻게 나타나는지를 열거하였다. 그녀는 열 개의 경험을 순차적으로 나열하며, 상위의 경험은 그 아래 하위의 경험들이 성취되었을 때만이 가능하다고 설명한다. 열 가지 과정은 다음과 같다.

<표 Ⅲ-2> Bundy의 미적 참여 10단계

1. 자유로운 선택(Free choice): 주어지는 허구적 세계를 기꺼이 받아들여 참여한다.

2. 자신을 받아들이기(Self-acceptance): 자기평가를 멈추고 자기검열 없이 자신을 받아들인다.

3. 타인을 받아들이기(Other-acceptance): 다른 참가자들의 반응에 대한 평가를 멈춘다.
4. 자신이 만든 행위에 대한 책임감(Self-responsibility): 자신이 만든 행위에 대해 회피하거나 변명하지 않으며 그에 대한 책임을 온전히 받아들인다.
5. 흥겹게 즐기기(Playful enjoyment): 드라마에 몰입해서 즐긴다.
6. 몰두하기(Attentiveness): 경험하기 전에 미리 반응을 결정하지 않으며 일어나는 상황에 열린 마음으로 반응한다.
7. 현존(Presence): 지금 여기 일어나는 일에 완전히 의식하여 집중한다.
8. 선입관 없이 상황을 있는 그대로 받아들이기(Personal surrender): 벌어지고 있는 상황을 미리 제단하거나 통제하려는 의도 없이 있는 그대로 받아들이며 그에 자신을 내맡긴다.
9. 위험 감수하기(Risk taking): 벌어지는 상황에 의해 자신의 관점이 변할 수도 있는 위험을 감수할 정도로 자신이 지니고 있는 선입관을 버린다.
10. 몰입하며 거리두기(Participation and systemic detachment): 주어진 상황에 몰두하면서도 이에 거리를 두고 다른 측면을 볼 수 있다.

Bundy의 미적 참여 10단계가 어떻게 신뢰, 일관성, 연결, 활성화, 고양된 의식과 연결되는지 살펴보면 다음과 같다.

미적 참여의 가장 하위 단계인 '자유로운 선택'은 주어지는 드라마의 허구적 상황을 기꺼이 받아들이고 참여하는 태도를 일컫는다. 이는 진행되는 드라마와 이를 둘러싼 환경에 대한 신뢰나 일관성을 확보하지 않고는 불가능한 것이다. 따라서 참여자가 드라마에 적극적으로 참여할 때 이는 신뢰나 일관성이 현존한다고 추론할 수 있다.

이렇게 '자유로운 선택'이 이뤄지고 난 후 참여자가 자신의 감정, 생각, 행위를 자유롭게 표출할 경우 이는 참여자가 '자신을 받아들이기' 단계에 이르렀다고 볼 수 있다. 바로 이 단계에서 '연결'이라는 미적 참여 요소가 이뤄진다. 허구적 드라마 세계에서 참가자들이 자신들의 경험 중에서 프로그램이 상기시키는 아이디어와 연결되는 지점을 찾는 것을 말한다. 드라마 활동을 통해 자신의 경험을 연상하는 것이다(Bundy, 2005).

자신의 경험과 연결되는 지점을 드라마에서 발견하지 못했을 경우, 참여자는 감정, 생각, 행위를 표출하지 않게 되며 그럼으로써 미적 참여는 발생하지 않게 된다. 따라서 드라마와 자신의 경험이 연결되는 지점을 찾는 일은 미적 참여의 시작점이 된다.

'연결'이라는 미적 참여 요소가 이뤄지고 난 후 참여자가 세 번째 '타인을 받아들이기' 단계에 이르게 되면 이는 미적 참여 요소 중 '활성화'가 시작되었다고 볼 수 있다. 활성화는 자극을 받아 흥분해 있는 상태로, 좀더 살아 있다고 느끼며 주변 상황에 좀더 민감하게 반응하는 상태를 일컫는다. 이러한 활성화는 참여자가 기존에 자신이 지니고 있던 감정, 생각, 인식, 행위와 다른 어떤 새로운 자극을 받게 되는 것으로, 이 다른 것들은 기존의 감정, 생각, 인식, 행위의 지평 밖에 있는 것이기에 참여자를 흥분시키고 좀더 살아 있다고 느끼게 만들며 주변 상황에 민감하게 반응하게 한다. 드라마에서 이는 '타인을 받아들이기'를 통해 가능하다(Bundy, 2005).

따라서 '타인을 받아들이기' 단계는 '고양된 의식'으로 나아가는 핵심적 역할을 한다. 낯선 타인의 반응을 해석하며 다음 순간 어떻게 될지 상상하며 대응 방향을 찾고, 즉석에서 상황을 새롭게 창조하는 과정이 이어지는데, 이때 참여자들은 미적 참여 10단계 중 '자신이 만든 행위에 대한 책임감', '흥겹게 즐기기', '몰두하기', '현존', '선입관 없이 상황을 있는 그대로 받아들이기'의 모습을 보여주게 된다. 이러한 행위 양식들을 표출할 때 참여자가 '활성화'를 경험하고 있다고 볼 수 있다. 이 단계들에서 참가자는 기존에 자신이 지니고 있던 경험이 새로운 경험과 충돌하고 있음을 의식하게 되며 상황을 즐기게 된다. 아직 이 새로운 경험을 설명해줄만한 개념이 성립되지는 않았지만 자신이 지금 하고 있는 경험이 기존의 경험과 다르다는 것을 의식하고 그것을 즐기며 이 경험이 어디로 자신을 데려다 줄지 자못 흥미진진하게 지켜보는 단계다.

활성화 단계에서 새로운 경험을 충분히 모색한 후 자신이 지니고 있던 기존의 관점을 버릴 정도로 까지 변화를 경험하게 되는데 이것이 '위험 감수하기' 단계다. 기존의 관점을 버린 후 활성화 단계에서 겪은 새로운 경험을 설명해줄 개념을 새롭게 얻게 되는데 이것이 '몰입하며 거리두기' 단계이다. 이 마지막 두 단계를 통해 참가자는 '고양된 의식'이라는 미적 참여를 경험하게 된다. 이를 통해 참가자는 전에 생각해보지 못했던 문제에 관해 많은 질문을 던지게 된다. 그래서 드라마의 직접적 경험에 집중하기보다는 그 경험에서 발생하는 생각들이 던지는 질문에 집중하기 시작한다(Bundy, 2005).

관찰 계획서의 체크리스트는 이 열 가지 경험으로 이루어졌다. 예를 들어 이론적으로 계획된 교육연극 활동들은 에피소드 별로 구성되었는데, 각각의 에피소드들은 그 에피소드들이 가능하기 위해 필요한 경험들을 명시하였다. 그리하여 만약 두 번째 에피소드가 자유로운 선택, 자신을 받아들이기, 타인을 받아들이기, 자신이 만든 행위에 대한 책임감, 흥겹기 즐기기가 갖추어져야 가능한 에피소드라면, 관찰의 대상이 된 학생들이 이러한 다섯 가지 경험을 했는지 체크하게 된다. 체크리스트의 예를 보면 다음과 같다.

〈표 Ⅲ-3〉 관찰 체크리스트의 예

	미적 참여를 위해 갖추어야 할 경험들	학생 D	학생 S
2	자유로운 선택 자신을 받아들이기 타인을 받아들이기 자신이 만든 행위에 대한 책임감 흥겹게 즐기기 몰두하기 현존		

만약 관찰 대상 학생인 학생 D와 학생S가 각각의 경험들의 징후를 보이면 이를 ○로 그렇지 않으면 ×로 체크하게 된다.

IV. 데이터 수집

1. 표본

본 연구는 2007년 S초등학교에서 진행되었다. 매주 수요일 60분 간 13명의 학생들이 참가했다. 남자 여덟 명, 여자 다섯 명으로 구성된 6학년 학생들이었다. 이 학생들을 표본으로 선택한 과정은 다음과 같다. 교육연극 워크숍에 참여한 교사에게 연구 실행의 가능성을 묻고 허락을 얻은 후, 그 교사와 옆 반 동료 교사의 반, 두 개 반에서 자원하는 학생을 뽑았다. 수요일 수업 후 성적과 관련 없는 특별활동에 참가하는 것이 현실적으로 어려운 6학년이다 보니 총 70명의 학생 중 13명이 자원하였다. 연구는 6월 13일에서부터 7월 11일까지 60분씩 총 5회 실시되었다.

2. 데이터 수집 방법

본 연구에서 아이들이 얼마나 감정적으로 몰입하고 인지적으로 이해하고 있는가를 측정하는 것이 중요하므로 학생들의 관점은 핵심적 데이터가 된다. 게다가 본 연구자는 일주일에 한 번 교육연극 수업을 진행하므로 자칫 데이터 수집의 한계가 있을 수 있어 두 개 교실의 담임선생님의 관점도 이를 보완할 수 있는 유용한 데이터로 삼았다. 이러한 배경에서 서로 상이한 세 입장 – 담임교사, 학생, 연구자– 의 관점을 모두 포함할 수 있는 여러 종류의 데이터 수집 방법을 사용하는 '방법론적 다각검증(methodological triangulation)'을 적용하였다(Denzen & Lincoln, 2000; Denscombe, 2003).

위에서 언급하였듯이 이 연구는 학생들과 교사들의 개인적 생각을 데이터로 모으기 때문에 윤리적 문제에 대해 학생 당사자들과 학생들의 교사들과 의논할 필요가 있었다. 두 담임 교사는 자신들의 생각을 데이터로 모집하는 데 합의하였다. 학생들도 학생들이 동의하지 않을 때를 제외하고 인터뷰와 개인 일기에 실린 그들의 생각을 볼 수 있는 허락을 받았다. 연구자는 학생들에게 그들이 원하지 않을 경우 언제라도 인터뷰와 일기쓰기를 거부할 수 있다고 말해주었다.

가. 현장기록 일지(Field Notes)

연구에서 연구자이면서 교사의 역할을 맡았기 때문에 나는 연구 기간 동안 수업 세부적 모습과 반성적으로 사고한 내용들을 세밀하게 현장 기록 일지에 지속적으로 기록하였다. 현장 기록일지는 '메모(memos)'와 '깊이 있는 반성(in-depth reflection)' 두 부분으로 이루어졌다(Altrichter, Posch and Somekh, 1993). 이때 메모는 수업시간의 활동들을 묘사한 '묘사적 시퀀스(descriptive sequence)'와 이론과 연구 방법 그리고 실행 전략을 담은 '해석적 시퀀스(interpretative sequence)'로 나누었다. '깊이 있는 반성(in depth reflection)' 부분에는 메모에서 다루어진 문제들 가운데 좀더 깊게 탐구해야 할 문제를 보충하여 다루었다.

나. 학생들의 일기

학생들이 수업시간에 받은 경험과 느낌을 데이터로 써야 했기 때문에 매 수업이 끝난 후 반성적으로 자신의 느낌과 생각을 일기장에 쓰도록 했다(McNiff, 1988). 일기를 다 쓴 후 학생들은 본 연구자에게 그 일기장을 제출하였으며 본 연구자가 일주일 동안 지닌 후 매 수업시간에 다시 나누어주었다. 이러한 일기장 관리는 교사와 학생들 사이의 동의에 의해 이루어졌으며 학생들은 본 연구자가 그들의 일기장에 언제라도 접근할 수 있게 허락했고 본 연구에도 발표할 수 있도록 허락하였다.

다. 관찰

학생들의 생각과 느낌에 대한 좀더 타당한 데이터를 얻기 위해 두 종류의 관찰이 이용되었다. 본 연구자가 교사로서 수업에 참여하며 관찰하는 '참가자 관찰'과 수업에 참가하지 않으면서 관찰하는 '비 참가자 관찰'이다. '비 참가자 관찰'은 두 담임교사에 의해 이루어졌다. 관찰에 있어 격차를 줄이기 위해 관찰자들이 모두 "관찰 계획서"를 사용하였는데, 이는 각 교육연극 활동에서 관찰되어야 할 항목을 나타낸 체크리스트로 교사들은 각각의 체크리스트에 학생들의 활동을 ○×로 표시하였다. 체크리스트와 함께 관찰 계획서는 빈 칸을 여백으로 두어 관찰자들이 자유롭게 특이 사항을 기록할 수 있게 하였다. 관찰된 데이터의 신뢰성을 높이기 위해 필요할 때 관찰 데이터에 관한 팔로우업(follow-up) 토론을 가졌다. 체크리스트에 포함되는 항목들이 무엇이며 어떻게 선정되었는가는 위에서 설명한 바와 같다.

라. 인터뷰

본 연구가 학생들의 내적 생각과 감정을 데이터로 삼기 때문에 다른 데이터 수집 방법에서 얻어진 데이터를 보충하기 위해서 인터뷰가 실시되었다(Denscombe, 2003). 인터뷰는 매 수업시간 후에 실시되었는데 주로 그룹 인터뷰로 진행되었다. 한 번에 세 명이나 네 명의 학생을 한글 순서대로 선정하여 모든 학생들이 한 번씩은 인터뷰에 응하게 하였다. 필요한 경우에 '일대일 인터뷰'를 하였다. 인터뷰할 대상을 선정할 때 어떤 특징을 지어 선정한 것이 아닌 순서대로 선정한 것은 참가자 13명의 교육연극 수업 참여도가 비슷하게 진단되었기 때문이다. 두 종류의 인터뷰가 사용되었는데 그룹 인터뷰를 할 때는 '다소 계획된 인터뷰'를 하였고 일대일 인터뷰는 좀더 학생의 깊은 내면적 태도와 관점을 보기 위해 '집중된 인터뷰'를 하였다. 관찰에서 밝혔듯이 두 담임 교사의 관찰 데이터를 보충하기 위해 인터뷰도 함께 실행되었다.

마. 비디오

비디오는 수업을 기록하는 데 사용되었다. 수업시간에 교사와 연구자 두 역할을 수행하는 데 큰 어려움을 느꼈다. 수업을 진행하며 학생을 관찰하고 수업을 분석하는 작업을 동시에 진행하는 데 큰 부담을 느꼈다. 그래서 수업을 비디오로 찍은 후 이를 보고 학생을 좀더 자세히 관찰하고 수업을 면밀히 분석하기로 결정하였다.

바. 데이터 분석

위에서 본 것처럼 각각의 에피소드들은 미적 참여를 위해 학생들이 겪어야 하는 경험들과 함께 제시되었다. 관찰, 인터뷰, 일기를 통해 얻은 데이터들을 분석함으로써 학생들이 이러한 경험을 하였는지 그렇지 않은지를 진단하였다.

V. 연구 실제 실행[1]

3차시 수업(2007년 6월 27일)

〈표 V-1〉3차시 수업 계획 및 도달해야 할 경험들

시퀀스	미적 참여를 위해 갖추어야 할 경험들
11. 파란왕국 협상단 초록계층을 설득하기 위해 방문하기 파란왕국 사람들은 초록계층 사람들이 반란을 일으키려고 한다는 소문을 듣게 된다. 그래서 여왕은 협상단을 초록계층 사람들에게 보내 그들의 계획이 무엇이며 무기를 어디에 숨겼는지 알아오게 한다. 먼저 초록계층 학생들은 자신들의 거처를 여러 소품을 이용하여 꾸민다. 그러면 파란왕국 협상단이 이 거처로 들어와 협상을 하기 시작한다.	자신을 받아들이기 타인을 받아들이기 자신이 만든 행위에 대한 책임감 흥겹게 즐기기, 몰두하기, 현존 선입관 없이 상황을 있는 그대로 받아들이기 위험 감수하기
12. 파란왕국에 가해지는 위협 학생들에게 교사가 이번에는 문밖으로 나갔다가 들어오면 새로운 역할을 수행할 것이라고 말한다. 교사가 문밖으로 나갔다가 다시 들어올 때 그는 초록색 가운을 입고 있다. 손에는 발표문을 들고 있다. 발표문을 읽는다. "초록사람들이 승리를 쟁취했다. 반란은 성공했고 여왕을 쫓아냈다. 어제 여왕은 그녀의 자리를 내 주고 파란왕국을 떠나기로 사인했다. 이제부터 파란왕국 법률은 실행되지 않을 것이다. 그리고 파란국민들은 더 이상 파란 옷을 입는 것이 금지된다. 그들이 여왕으로부터 받은 배지는 수거될 것이다. 이 사항을 어길 시에는 벌이 가해질 것이다" 발표문을 읽은 후 메신저로서 여러분이 궁금한 사항이 있으면 답변을 해주겠다고 말한다. 만약 대답하기 곤란한 질문을 던지면 다음과 같이 대답한다. "여러분은 이미 알고 있습니다. 복종하지 않는다면 어떤 일이 일어날지를… 그 외에 선택의 여지는 없습니다."	자신을 받아들이기 타인을 받아들이기 자신이 만든 행위에 대한 책임감 흥겹게 즐기기 몰두하기 현존 선입관 없이 상황을 있는 그대로 받아들이기
13. 파란국민들과 초록계층 사람들의 상상 초록계층 사람들에게는 앞으로 일어날 수 있는 일중 가장 신나는 일을 상상하고, 파란국민들에게는 가장 나쁜 상황을 상상하게 한다. 각각 정지동작으로 보여준다.	자신을 받아들이기 타인을 받아들이기 자신이 만든 행위에 대한 책임감, 흥겹게 즐기기, 몰두하기, 현존,

---

1 지면 관계상 5차시 수업 중 클라이맥스인 3차시 수업을 실었음.

	선입관 없이 상황을 있는 그대로 받아들이기
14. 초록법률 이제 곧 새로운 초록법률이 만들어질 것이라고 발표한다. 초록사람들에게 어떤 절차에 따라 법을 제정하고 어떤 내용의 법을 만들고 싶은 지 질문한다. 마지막에 만들고 싶은 법을 만들어 정지동작으로 보여주고 법의 내용을 칠판에 적는다.	자신을 받아들이기 타인을 받아들이기 자신이 만든 행위에 대한 책임감 흥겹게 즐기기, 몰두하기, 현존 선입관 없이 상황을 있는 그대로 받아들이기

3차시 수업에 대한 메모

수업이 시작하기도 전에 아이들은 이미 드라마의 허구세계로 들어와 있는 것 같았다. 파란왕국 아이들과 초록아이들로 나뉘어 서로 소리치며 손가락질하고 있었다. 지난 시간까지 파란왕국에서 무슨 일이 벌어졌는지 함께 이야기를 나누었다.

에피소드 11

초록계층 사람들이 반란을 일으킬 거라는 소문이 돌아서 여왕이 협상단을 초록계층이 사는 곳을 보내 진짜 반란을 일으키려고 하는지, 일으킨다면 왜 그러는지 그리고 무기는 어디에 숨겼는지를 알아오게 하였다. 그래서 파란왕국 국민들 역할을 한 아이들이 이 협상단 역할을 하여 초록아이들이 사는 곳으로 오면서 즉흥극이 시작되었다.

협상단: 우리는 여왕이 보낸 협상단이요(정중히 인사를 하였다).
SG1 (파란): 여기서 사는 게 어때요?
HH (초록): 보시는 대로…
SB2 (파란): 뭐 필요한 거라도 있나요?
SJ (초록): 음식과 제대로 된 집.

SB2 (파란): 필요로 하는 걸 여왕님께 보고 할게요. 또 그밖에 뭐가?

초록아이들: 없어요.

SJ (초록): 근데 여기 왜 왔어요?

SB2 (파란): 무기가 어디 있는지 알고 싶어요.

SJ (초록): 그런 거 여기 없어요.

협상단들은 잠시 모여 뭔가 의논하더니 거처에 놓인 물건을 뒤지기 시작했다. 그러자 초록아이들이 강하게 협상단을 밀치기 시작했다. 몸싸움이 벌어졌다. 아이들의 표정은 이 몸싸움이 진짜임을 말하고 있었다. 협상단의 행위가 초록아이들을 심경을 건드린 것 같았다. 아이들은 강하게 저항하고 있었다. 몸싸움이 심하게 일어나 나는 갑자기 파란왕국 장군의 역할을 수행하기로 결정하였다. 나는 큰 소리로 "초록사람들, 너희들은 무릎을 꿇고 고개를 숙여라. 여기는 파란왕국이다"라고 외쳤다. 이 소리에 아이들도 진정이 되는 듯 각자의 자리로 돌아갔다. 아이들이 움직이자 않자 나는 다시 장군으로서 협상단에게 집안을 다시 한 번 뒤져 보라고 하였다. 한 아이가 아픈 초록사람이 누워 있는 침대를 뒤지려고 하였다(이 아픈 사람과 침대는 초록아이들이 자신들의 무기를 숨기기 위해 만들었다. 무기를 숨기기 위해 무기가 숨겨진 침대 위에 아이 한 명을 아픈체하며 눕혔다).

협상단 한 명이 침대를 뒤지려 하자 SJ가 갑자기 일어섰다.

SJ (초록): 무기는 여기 있지 않아요. 당신은 어떻게 아픈 사람을 그렇게
    취급합니까? 그는 지금 심하게 아파요.

SJ가 이렇게 소리치자 협상단이 그를 저지하려고 하였다. 그러자 SJ는 더 심하게 소리쳤다. "내 친구는 지금 너무 아파요. 당신들이 그를 마구

부려먹었잖아! 정말 무례하고 잔인해. 나가! 당장 여기서 나가"

CJ (파란): 저렇게 아플 정도로 우리가 부려먹지 않았어요.

HH (초록): 당신이 계속 나무도 자르고 옮기고 대패질하게 시키지 않았
나요? 그랬잖아요? 당신이 그늘에서 편히 쉴 때 우리는 땡볕에서 계
속 땀 흘렸어요.

MJ (파란): 그치만 당신들에게 음식을 나눠줬어요.

SB1 (초록): 그건 당신의 의무였으니까.

MJ (파란): 아니야. 우리가 호의를 베푼 거야.

HH (초록): 무슨 호의?

SB2 (파란): 그래 너희들 일하게 부려먹었어. 그치만 너희는 우리 국민
이 아니니까 그랬어. 너희는 그냥 노예 같은 거야.

HH (초록): (의자를 거칠게 찼다) 우리가 노예라고? 왜에?

SB2 (파란): 그래 너희는 노예야. 너희는 전쟁에서 졌고, 우리나라에 식
민지 당했잖아.

두 사이드간의 토론이 갑자기 멈췄다.

그래서 중간에 내가 개입했다.

교사: 전쟁에서 이겨 한 나라를 통치하게 되면 사람을 차별해야 하는
거니?

CJ (파란): 여왕이 그렇게 시켜서…

교사: 그렇다면 너희가 원해서 한 게 아니야?

CJ (파란): 네. 여왕이 그런 법을 갖고 있고 우리한테 강제로 하게 해
서…

MJ (파란): 야, 근데 너네들은 한 번도 우리한테 힘들다는 얘기 안 했잖
아.

HH (초록): 너희는 우리가 행복한지 아닌지 한번이라도 물어봤어?

MJ (파란): 우리가 묻지 않아도 우리한테 말했어야지.

SJ (초록): 말하지 않으면 눈으로 안보여? 심하게 일해서 아파 여기 침대
에 누워 있는 사람이 있는데도!

SB2 (파란): 너희가 일만 더 잘했어도 우리가 대우를 잘 해줬을 거야.

HH (초록): (빗자루를 보여주며) 이게 안보여, 먼지로 가득 찬 이 집이
안보여. 여기서는 빗자루가 없어서는 안 돼. 집이 아니라 지옥이야.

SJ (초록): 여기 왜 왔어?

SB2 (파란): 어디에 무기를 숨겼어?

HH (초록): 말했잖아. 무기 숨기지 않았다고.

SJ (초록): 우리 겨우 하루하루 살고 있어. 근데 어떻게 무기를 만드니?

SB1 (초록): 아픈 사람을 치료도 못하는데 어떻게 무기를 만드니?

SJ (초록): (아픈 친구에게 다가가서 그를 흔든다) 친구야 내 친구야 일
어나! 일어나라고!

SJ (초록): 먼저 아픈 이 친구를 치료해줘.

SB2 (파란): 여왕에게 말할게.

SG (파란): 이 친구를 치료하면 반란하려는 생각을 바꿀 거야?

CJ (파란): 먼저 우리가 이 친구를 치료했을 때 니가 뭘 해줄 건지 말해
줘.

SJ (초록): 치료, 그것만 있으면 돼. 그게 다야.

SB2 (파란): 그럼, 우리도 치료 못해.

CJ (파란): 약속해, 우리가 그를 치료하면 무기가 어디 있는지 말할 거라
고. 만약 거짓말하면 사형당할 거야.

HH (초록): 어떻든 우리한테 무기 없어.

SJ (초록): 무기가 없으니까 니 제안을 받아줄게.

협상단과 초록계층 사람들 간의 즉흥극이 끝나고 아이들은 자신
들이 경험한 것에 대해 얘기하기 시작했다. 처음에는 누가 말도 안

되게 말하는지, 누가 무서운지, 누가 폭력적인지 토론했다.

> SG1: 마음속으로는 초록사람들이 불쌍했는데 계속 그들을 심문해야 하니까 힘들었어요.
>
> JH: 내가 기념식에서 파란색으로 색깔을 바꾼 걸 후회했어요. 초록애들한테 너무 미안했고요.
>
> DH: 나는 초록사람들이 왜 반란을 일으키는지 모르겠어요. 우리나라에 살도록 허락도 했는데… 근데 이상한 게 초록사람들은 일할 때는 그렇게 무력하더니 아까 싸울 때는 목소리도 크게 내고 싸움도 격려하게 하고… 어떻게 그렇게 변하는지 모르겠어요.
>
> SJ: 여기가 우리 집이니까.
>
> HH: 내일은 복수의 날이고 복수하고 싶은 마음으로 가득 차 있는데 뭐가 무섭겠니?

이번 에피소드에서 아이들은 '위험 감수하기'까지 경험한 모습을 보여주었다. 관찰, 인터뷰, 일기에서 수집된 데이터들이 이를 입증한다.

<표 V-2> 에피소드 11에 대한 인터뷰, 일기 데이터

인터뷰	SG2: 초록아이들이 큰소리로 말할 때 너무 놀랐어요. 너무나 자기 얘기를 잘해서 너무 놀랐어요. HC: 협상단 아이들이 들어와서 집을 뒤질 때 참 나쁘다고 생각했어요. 아픈 사람도 있는데 어떻게 저러나 하는 생각이 들었어요.
학생들의 일기	SB2: 초록애들이랑 싸울 때 나름대로 심하게 대하려고 했는데 자꾸 미안한 생각이 들었어요. MJ: 초록애들이랑 말다툼할 때 화가 났었는데 너무 자기네 주장만 하는 것 같아요. DH: 협상단이 되었을 때 왠지 강한 것 같고 슈퍼맨이 된 것 같은 기분이었어요. TH: 숨겨둔 우리 무기가 발각될까봐 조마조마했어요.

열한 번째 에피소드에서 아이들은 '위험감수하기 risk taking' 수준

까지 경험해야 했다. 위험 감수하기는 아이들이 기존에 지니고 있던 생각들을 놓아둔 채 현재 진행되고 있는 경험들에 의해 자신이 변화될 수 있는 위험을 감수하는 것을 말한다. 이러한 위험 감수를 통해 마침내 아이들은 상황을 새로운 각도로 볼 수 있는 관점을 갖게 된다. 열한 번째 에피소드에서 즉흥극이 진행되는 동안 초록계층의 나쁜 환경에 대한 말다툼이 벌어졌다. 아이들의 일기, 인터뷰, 관찰 결과들은 이들이 이 즉흥극 동안 인식에 변화가 있었음을 보여주었다.

에피소드 12

에피소드11이 끝난 후 아이들은 파란왕국의 미래가 어떠할지 궁금하다고 말했다. 그래서 나는 이제부터 파란왕국이 어떻게 되었는지 보게 될 거라고 말했다. 내가 문밖에 나갔다가 들어올 때 알 수 있을 것이라고 말했다.

문을 열고 교실로 들어와 초록장군으로서 발표문을 다 읽었을 때 파란아이들은 깊은 한숨을 쉬었고 초록아이들은 환호성을 지르고 박수를 쳤다. 갑자기 SJ가 일어나더니 교실에 흩어져 있는 초록색 종이들을 집어 들더니 그것들을 마치 국기를 휘날리듯이 팔 높이 잡고 교실 주변을 돌기 시작했다. 그러자 다른 초록아이들도 그를 따라 돌기 시작했다. 상징적인 장면이었다. 이런 갑작스런 돌출 행위로 볼 때 아이들이 이 드라마에 얼마나 깊이 몰입했는지를 알 수 있었다.

열두 번째 에피소드에서 아이들은 '선입관 없이 상황을 있는 그대로 받아들이기(Personal surrender)'까지 경험해야 한다. 아이들의 일기, 인터뷰, 관찰 결과를 볼 때 이것을 충분히 경험한 것으로 읽혀졌다.

〈표 V-3〉 에피소드 12에 대한 인터뷰, 일기 데이터

인터뷰	CJ: 여왕이 도망갔다는 얘기를 들었을 때 허탈하고 두려웠어요. 초록아이들이 복수할 거니까요
	JH: 초록계층이 독립을 이뤘다는 말을 들었을 때 내가 왜 초록색을 바꾸었을까 후회했어요.
학생들의 일기	SJ: 너무너무 기뻤어요. 마침내 나라를 되찾았잖아요.
	DH: 장군이 발표문을 읽을 때 마치 나는 시험 점수를 기다리는 기분이 들었어요.
	HH: 마침내 우리가 자유와 독립을 쟁취했구나 하는 생각을 했어요.
	SG1: 이 순간은 내 기억 속에 영원히 기억될 거예요
	TH: 마침내 우리의 반란이 성공했다니 너무 기뻤어요. 더 이상 막노동을 안 해도 되고… 그치만 파란아이들한테 미안했어요.

에피소드 13

초록아이들은 가장 행복할 것 같은 미래의 한 순간을, 파란아이들은 가장 불행할 것 같은 미래의 한 순간을 정지동작으로 나타내었다.

첫 번째 세 명의 초록아이들은 초록 천을 국기처럼 흔드는 모습을 연출했다. 두 번째 두 명의 초록아이들은 한 명이 웅크리고 앉아 있고 나머지 한 명이 그를 밟고 초록 깃발을 흔드는 모습을 연출했다. 웅크리고 있는 사람이 파란왕국 사람이라고 했다.

첫 번째 두 명의 파란아이들은 자살하는 장면을 연출했다. 초록나라 사람 아래에서 사느니 차라리 죽는 게 낫다고 생각한다고 말했다. 두 번째와 세 번째 파란아이 그룹들은 초록사람들이 식탁에 앉아 편안히 식사를 하고 있으면 나머지 파란사람들이 청소를 하는 장면을 연출하였다.

에피소드 14

나는 이제 초록사람들이 새로운 법을 만들 거라고 말했다.

교사: 파란왕국 사람들, 초록사람들이 어떤 법을 만들 거 같아요?

SB2: 자기들이 억압받고 고통 받는 경험을 했으니까 우리는 좀더 나은 대우를 해줄 것 같아요.

SG1: 그치만 복수하고 싶은 마음에 더 심하게 할지도 몰라.

교사: 자 이제 초록사람들은 파란나라 사람들이 어떻게 생각하는지 들었으니 여러분의 법을 직접 만들어 볼 시간이에요.

초록아이들은 아주 신나 했고 최대한 잔인하게 법을 만들자고 큰소리로 웃고 떠들었다.

교사: 어떤 내용의 법을 만드는가도 중요하지만 어떻게 만드는가도 중요하지 않을까?

예를 들어, 파란왕국 사람들! 누가 여러분의 법을 만들었나요?

파란아이들은 여왕이라고 대답했다.

교사: 이 법으로부터 누가 가장 이득을 보았나요?

다섯 명의 파란아이들은 여왕이라고 대답했으나 두 명의 파란아이들은 자기들이 이득을 보았다고 말했다. 하지만 이들도 잠시 후 다시 고쳐 여왕이라고 대답했다.

교사: 왜 여왕이 파란법률로부터 가장 큰 이득을 얻었다고 생각하나요?

파란아이들은 여왕은 자신이 원하는 대로 하였고 생산물을 세금으로 거둬들여 갔다고 말했다.

교사: 그렇다면 초록계층을 차별한 것은 어떻게 된 건가요? 여러분은 하고 싶지 않았는데 여왕이 제정한 법 때문에 그렇게 한 건가요?

SG2: 어… 차별하는 걸 좋아하지 않았다고는 말 못하겠어요.

SB2: 응, 반반이었던 거 같아요.

MJ : 불공평하게 대했지만 많이 그런 게 아니라 조금 그런 거예요. 법이 강제로 시키니까 그렇게 한 거예요.

SG1: 만약 법이 그렇지 않았으면, 우리도 차별 안했을 거예요.

이 말을 듣자 초록아이들은 "거짓말 하지 마" 하면서 소리쳤다.

교사: 그러면 너 네가 초록계층을 차별한 것은 순전히 여왕 때문인 거야?

파란왕국 아이들이 네라고 크게 대답했다.

교사: 여왕이 아니었다면 초록계층과 더 잘 지냈을 거란 말이니?

파란아이들이 조금 더 잘 지냈을 거라고 대답했다.

교사: 초록계층 사람들! 파란왕국 사람들이 말하는 거 들었죠? 어떻게 할래요? 어떻게 법을 만들래요?

초록계층 아이들은 한 사람이 아닌 자신들 모두가 함께 법을 만들겠다고 대답했다.

교사: 그렇다면 여러분은 '절대왕정체제'가 아닌 '민주주의'를 택하겠다는 말인가요?

초록아이들은 모두 '민주주의'라고 대답했다.

교사: 그렇다면 여러분은 파란왕국과는 다른 정치제도를 선택하겠다는 말씀인가요?

초록아이들은 모두 그렇다고 대답했다.

교사: 자 이제 여러분은 여러분 모두가 함께 법을 만드는 정치제도를 선택했어요. 자 그럼 여러분 모두 함께 법을 만들어 보세요.

초록아이들은 매우 신났다는 표정으로 법을 만들기 시작했다.

교사: 초록 여러분들은 여러분이 파란왕국 체제에 있을 때 겪은 경험을 생각해서 신중하게 법을 만드세요. 혹독한 법 아래서 여러분은 언제나 반란을 꿈꿨어요. 만약 여러분이 그와 똑 같은 법을 만든다면 파란사람들도 반란의 꿈을 꾸겠죠?

HH: 알아요. 하지만 진짜 파란애들한테 복수하고 싶어요.

SJ: 쟤네들을 다른 곳으로 보내버리자.

SG2: 우리 선조 때부터 여기 살았는데 쫓아내는 건 너무 심하다.

교사: 그 말은 맞다. 팔레스타인 사람들을 봐봐… 그들이 얼마나 힘들게

사는지…

SB1: 그렇다면 너희가 우리한테 한 그 똑같은 고통을 맞보게 해주마. 그러자 파란아이들이 자기들이 그렇게 심하게 대하지 않았다고 말했다. 그러자 초록아이들은 그렇게 했다고 응수했다. 두 편의 말다툼이 점점 심해졌다.

교사: 가해자는 조금밖에 안 했다고 하고 피해자는 많이 당했다고 하고… 왜 똑같은 일에 대해 피해를 당한 사람은 더 크게 느낄까?

아이들은 갑자기 조용해졌다.

SJ: 법 만드는 일은 너무 어려워요. 야, 파란이들… 좀 조용히 해! 생각할 시간을 달라고…

교사: 초록사람들이 법을 만들 시간을 줘요.

그러자 파란아이들은 조용해졌다.

초록아이들이 법을 다 만들었다는 신호를 보내자 파란아이들이 초조해 보였다. 반면 초록아이들은 얼굴에 미소를 띠고 있었다.

SJ: 파란인들은 전족과 같은 작은 신발을 신어야 한다. 그래야 도망가거나 반란을 일으키는 걸 방지할 수 있다.

HH: 파란인들은 우리가 그랬던 것처럼 무상노동을 우리에게 제공해야 한다. 그러나 일을 잘하면 집, 음식, 월급을 가질 수 있다.

TH: 만약 파란인들이 일을 잘하면 무상노동으로부터 한 달간 제외될 수 있다.

SB1: 만약 파란인들이 일을 잘하면 한 달간 전족을 신지 않을 수 있다.

HC: 반란을 시도하면 사형에 처해질 것이다.

교사: 두 사람이 만든 법은 파란왕국의 법처럼 혹독한 것 같은데 세 명이 제정한 법은 다소 누그러져있네요. 왜 그렇게 했나요?

HH, SB, TH: 우리도 복수 하고 싶어요. 하지만 한 번 겪어보니까 그 고통을 알잖아요. 좀 미안한 생각이 들어서…

열네 번째 에피소드는 전체 에피소드 중에서 가장 중요한 대목이었다. 왜냐하면 전체 드라마의 목적이 학생들로 하여 자신의 생각과 감정을 자신이 속한 사회적, 정치적, 문화적 맥락과 연결하여 인식할수 있게 하는 것인데, '반성적 사고'를 요하는 이 에피소드가 이러한 인식을 구체화하기 때문이었다. 그 이전 에피소드에서 했던 행위들을 돌아보면서 학생들은 자신의 생각과 행위를 좀더 넓은 정치와 법의 체제하에서 생각하게 되었다.

위에서 이뤄진 교사와 파란왕국 사람 학생들 간의 대화 가운데 '다른 이들을 차별하는 것이 법에 의해서 종용된 측면이 있다, 그래서 법이 그것을 허용하지 않는다면 자신들도 그렇게 다른 사람을 차별하는 마음이 안 들었을 것이다' 와 같은 대화들은 개인의 생각이나 감정이 전체 사회제도와 밀접하게 연결되어 있다는 점을 시사하고 있는 것이었다. 나중에 초록아이들이 민주주의를 택하겠다고 결정한데에는 정치와 법의 제도가 개인의 삶에 결정적 영향을 끼친다는 인식이 반영된 것으로 보인다.

열네 번째 에피소드에 이어 4차시와 5차시에 여섯 개의 에피소드가 더 진행되었다. 본 논문에서는 지면 관계상 이를 생략하고 마지막 5차시에 모든 에피소드를 끝내고 난 뒤, 아이들이 자신들이 했던 드라마에 대해 어떻게 생각하는지 토론한 내용을 담는다. 이를 통해 아이들이 교육연극 경험을 통해 인식이 어떻게 변화했는지 엿볼 수 있다.

교사: 누가 제일 불공평하게 대했니?
아이들은 누가 그랬는지 가리키며 서로 서로에게 손가락질하고 있었다.
교사: 왜 그렇게 불공평하게 대했다고 생각하니? 성격이 나빠서 그런

거니?

몇 명의 아이들이 성격이 나빠서 그런 게 아니라 계급이 있어서 그런
거라고 대답했다.

SB2: 무시할 수밖에 없었어요. 왜냐하면 우리랑 달랐거든요.

교사: 그냥 달랐기 때문에 무시하고 차별한 거니?

DH: 법이 그렇게 하라고 시키기도 했어요.

SG1, SG2: 네 맞아요.

교사: 왜 이런 법이 만들어진다고 생각하니?

SG2: 그냥 합쳐요.

DH: 계급을 없애요.

SB1: 똑같이 평등하게 살아요.

교사: 다른 나라에서 오는 외국인 노동자들을 어떻게 생각하니?

SB2: 꼭 차별받는 초록사람들 같아요.

교사: 그렇다면 너희 반에 너희들이 이상하다고 생각하는 친구 있지?
그 친구들에 대해서는 어떻게 생각해?

DH: 뭔가 주변 환경 때문일 거 같다는 생각도 들어요.

교사: 이번 드라마를 하면서 새롭게 발견하거나 깨달은 게 있니?

SB2: 우리는 같은 인간이니까 피부색이 다른 사람들에게도 친절해야 한
다는 걸 알게 되었어요. 차별하고 차별 받는 경험이 참 새로웠어요.

DH: 억압받는 사람들이 고통스럽다는 건 알고 있었지만 억압하는 사람
도 마음이 편안한 건 아니라는 걸 알게 되었어요.

SJ: 초록계층 역할 할 때 파란애들이 마구 우리 집에 들어와서 헤치는
걸 보고 힘이 약하면 이렇게 당하고 사는구나 하는 생각이 들었어요.

TH: 실제로 한 번도 차별이라는 경험을 해본 적이 없어요. 근데 드라마
에서 이런 경험을 해보니 진짜 충격이 컸어요.

HH: 솔직히 다른 애들을 막 부려먹을 때 재미가 있었어요. 하지만 막상

외국인 노동자들이 불쌍하다는 생각도 들었어요.

SB1: 사람이 환경에 의해 만들어진다는 생각이 들었어요. 그래서 우리가 사는 환경을 더 좋게 만들어야겠다는 생각을 했어요.

DH: 나라를 뺏긴다는 게 얼마나 고통스러운 건지 알게 되었어요.

SG1: 계급 때문에 사람들이 변해요.

SG2: 옛날엔 계급이 있었잖아요. 얼마나 고통스러웠을까… 지금은 그런 게 없어서 얼마나 다행스러운지 몰라요.

JH: 이거 하면서 처음 정치라는 게 뭘까 생각해보았어요. 그리고 왕따 당하는 사람들이 어떤 기분일지도 알게 되었어요.

TH: 법을 만드는 게 쉬운 일이 아니라는 걸 알았어요.

DH: 과거에 우리나라 역사가 어떠했을까 궁금해졌어요. 민주주의였는지 절대왕정이었는지 알고 싶어 졌어요.

위에서 드러난 아이들의 생각은 그들의 인식이 개인적 감정 차원에서 사회적 인식 차원으로 변화했음을 보여주고 있다. 이러한 나의 데이터 분석은 담임교사들의 생각과도 일치했다.

교사 A는 인터뷰에서 아이들이 드라마를 심각하게 받아들이고 드라마 상황에 푹 빠져 모이기만 하면 드라마에 관해 얘기한다고 밝혔다. 또한 아이들이 드라마에서 자신의 감정을 드러내는 걸 보고 깜짝 놀랐다고 언급하였는데, 이는 평소 수업시간엔 전혀 볼 수 없는 모습이라고 밝혔다. 또한 마지막 시간에 하는 토론에서 아이들이 자신의 의견을 다른 사람과 비교해보고 그러면서 다른 사람의 의견이나 관점을 이해하게 되는 것 같다고 관찰 소감을 밝혔다. 아울러 아이들이 비록 성숙한 형태는 아닐지라도 자신의 관점에서 정치체제나 사회제도에 관해 해석하고, 드라마 경험을 통해 스스로가 그런 문제를 탐구하려고 하는 것처럼 보여 매우 놀라웠다고 말했다.

또 다른 교사 B는 드라마 수업에 참가하는 자기네 반 학생들은 수업시간에 발표를 잘 안 한다고 말했다. 그래서 이 드라마 수업에서도 옆 반 아이들보다 말을 잘 안한다고 밝혔다. 그렇지만 말을 하려고 시도하고 애쓰는 모습이 새로웠다고 말했는데 왜냐하면 아이들이 평소 수업시간엔 그런 모습조차 없기 때문이라고 말했다. 또한 스스로 정치체제도 얘기하고 일본 식민지도 얘기하고, 아이들의 생각이 깊고 넓어지는 것 같아 놀라웠다고 밝혔다.

5차시의 드라마를 끝나고 난 뒤 13명의 학생 중 10명의 학생이 Bundy의 '미적 참여'에 필요한 과정을 경험한 것으로 데이터가 모아졌다. 이러한 메탁시스적 미적 참여 경험을 겪음으로써, 이들은 문제를 사회, 정치, 법과 같은 사회제도의 차원에서 바라보게 되었다. 뿐만 아니라 이와 관련한 분야에 대한 학습 욕구를 강하게 지니게 되었다.

그러나 위와 같은 극적 효과를 가져왔지만 한계 또한 발견되었다. 미적 참여를 경험하지 못한 3명의 학생을 분석한 결과 다음과 같은 분석이 이뤄졌다. 먼저 두 명의 학생 HC와 MJ는 비록 미적 참여 열 단계의 경험 중 아홉 단계인 '위험 감수하기'까지 경험하였으나 마지막 열 번째 단계를 경험하지 못했다. 마지막 열 번째 단계의 경험은 '몰입하며 거리두기(Participation and systemic detachment)'이다. 이는 자신의 경험을 거리두기 한 뒤 반성적, 이성적으로 되돌아보아, 이전까지와는 다른 새로운 각도로 문제를 바라보는 경험을 일컫는다. 두 명의 학생이 마지막 열 번째 단계를 경험하지 못했을 때 이 문제를 해결할 전략을 적절히 세우지 못했다. 이유를 분석한 결과, Bundy의 미적 참여를 위한 열 번째 단계 경험에 대한 설명에서 그 원인을 찾을 수 있었다. 첫 단계부터 아홉 단계까지의 설명은 정서적, 감정적으로 어떻게 드라마에 몰입하는가에 대한 설명이며 이러한 몰입이 안 되었을 경우 어떻게 도와주어야 하는지에 대한 적절한 설명을 찾을 수 있다. 하지만 이러한 정서적, 감정적 몰입을 어떻게 인지적 반성 혹은 이해로 이끄는가에 대한 과정은 오직 단 한 개의 단계로 압축되어 있어, 이와 관련한 문제를 해결할 때 필요한 전략을 구축하는 것을 실질적으로 어렵게 만든다. 위의 데이터가 보여주듯이, Bundy의 미적 참여에 필요한 열 단계 경험이 교육연극을 사회과에 적용하는 데 있어 훌륭한 척도로 사용될 수 있다. 그러나 정서적, 감정적 경험이 어떻게 인지적 앎으로 연결되는지에 대한 세부적 설명이 보충된다면 이 경험 모형은 실제 교육 현장에서 좀더 실효성 있는 모델이 될 것으로 예측된다. 따라서 미적 참여에 실패한 두 명의 학생의 경우, 만약 Bundy의 모형이 마지막 열 번째 경험을 좀더 세분화해서 설명했더라면, 적절한 전략을 세워 충분히 다뤄질 수 있었을 거라 예측해볼 수 있다.

미적 참여에 실패한 학생으로 SC는 3차시 앞서 진행된 2차시에서, '자기 받아들이기(self-acceptance)' 단계에서 실패하여 드라마의 허구적 상황에 감정적, 정서적으로 몰입하지 못하고 있다고 분석되었다. 그래서 인터뷰를 통해 '자기 받아들이기'와 자기 받아들이기 윗 단계에 있는 '타인 받아들이기' '자신이 만든 행위에 대한 책임감 지기' 등의 경험을 가능케 하기 위해 그와의 인터뷰를 시도하였다. 그러나 2차시, 4차시에 시도된 인터뷰를 그는 완강히 거부하였고 모든 책임을 드라마에 참가한 다른 아이들 탓으로 돌렸다. 드라마에 참가하는 다른 아이들이 나쁘기 때문이 자신이 이렇게 할 수밖에 없다고 소리치면서 가버렸다. 일주일에 한 번 방문해서 드라마 수업을 하는 교사로서 한계를 느끼게 했다. SC의 문제는 Bundy의 모형으로 뛰어넘을 수 없는 현실적 문제에 의한 한계가 있을 수 있음을 보여주었다.

Ⅵ. 결론 및 제언

교육연극은 사회과 교육에서 예술이 활용될 수 있는 좋은 예로서 자주 거론되어 왔으며 또한 이에 관한 선행 연구들도 다양하였다. 선행 연구들은 교육연극이 사회과에서 긍정적 효과가 있다 사실들을 보여주었다. 그러나 본 논문은 이러한 긍정적 효과가 과연 예술이 사회과 교육에 가져올 수 있는 '더욱 실제적이고 통찰력 있는 교육'을 가리키는지 재고할 필요성을 제기하였다. 기법들을 이용한 단순한 접근 방식을 넘어, 교육연극의 미적 작동 원리를 이해하고, 또한 이런 원리가 사회과 교육과 어떤 지점에서 만날 수 있는가에 대한 탐구가 선행된다면, 교육연극을 활용한 사회과 교육은 단순한 기법 이용 차원으로 얻어질 수 있는 지식이 아닌, 문자 그대로 '실제적이고 통찰력'을 가져다 줄 수 있는 차원으로 진화할 수 있다.

이런 맥락에서, 교육연극이 사회과와 만날 수 있는 미적 원리를 본 논문은 메탁시스와 미적 참여라고 보았고, 이것을 경험했을 때 비로소 참가자들은 문제를 사회적 지평에서 해석할 수 있는 안목을 지님을 보여주었다.

이때 학생들의 메탁시스적 미적 참여도를 측정하는 척도로 Bundy의 미적 참여 10단계 모형을 제시하였다. 일기, 인터뷰, 관찰을 통해 학생들이 10단계의 어디쯤 위치하는지 재어보고 목표하는 경험을 성취하지 못하였을 경우, 문제를 분석하여 적절한 전략을 세울 수 있는 척도로 유용함을 보여주었다. 그러나 정서적, 감정적 몰입이 어떻게 인지적 앎으로 넘어가는가에 대한 설명이 세밀하지 못해 이 부분이 보충될 필요가 있음을 제기하였다. 본 연구는 Bundy 모형의 보완을 과제로 남기면서 교육연극을 사회과 교육에 활용할 때, 단순한 기법 차원의 접근 방식을 좀더 미적 원리를 바탕으로 한 방식으로 발전시킬 것을 제안해 본다. 그랬을 때 예술이 제공할 수 있는 실제적이고 통찰력 있는 이해로의 접근이 용이해진다.

참고문헌

교육과학기술부, 『사회3-2 초등학교교사용지도서』, 서울: 두산동아, 2010.

구민정·권재원, 『한국 교실에 적합한 교실연극 모형의 개발과 적용: DIE 논쟁학습 모형의 개발과 효과검정』, 서울: 한국학술정보, 2008.

김미양, 「교육연극을 활용한 민주시민교육 효과분석」, 서울교육대학교 석사학위 논문, 2006.

김우식 외, 『사회 과학의 이해』, 서울: 이화여자대학교출판부, 2004.

김지영, 「교육연극 수업이 초등학교 아동의 사회성과 학습 태도에 미치는 효과」, 한국교원대학교 석사학위논문, 2005.

모경환, 「사회과 수업에서의 예술 활용에 관한 연구」, 『시민교육연구』 40(2), 2008, pp.53-74.

소꿉놀이, 『교육연극 수업 어떻게 할까?』, 서울: 정인출판사, 2008.

이선영, 「교육연극을 통한 지리적 사고력의 발달」, 서울교육대학교 석사학위 논문, 2009.

이주진, 「지속가능 발전을 위한 소비자 교육용 교육연극 프로그램 개발」, 한국교원대학교 석사학위논문, 2009.

Altrichter, H., Posch, P. and Somekh, B., *Teachers Investigate their Work*, London: Routledge, 1993.

Bolton, G., *Acting in Classroom Drama*, Staffordshire: Trentham Books, 1998.

Bundy, P., "Aesthetic engagement in the drama process", *RIDE*, vol.8, no.2., 2003a, pp.171-181.

Bundy, P., "Creating opportunities for aesthetic engagement: Reflections from a drama classroom", *Applied Theatre Researcher/IDEA Journal*, vol.4, no.2., 2003b.

Bundy, P., "Asking the right questions: Accessing children's experience of aesthetic engagement", *Applied Theatre Researcher/IDEA Journal*, vol.6, no.12., 2005

Davis, D. (ed.), *Edward Bond and Dramatic child: Edward Bond's plays for young people*, Stoke on Trent: Trentham Books, 2005.

Denscombe, M., *The Good Research Guide*. 2nd ed, Buckingham: OUP, 2003.

Denzin, N. K. & Lincoln, Y. S., *Handbook of Qualitative Reseach*. 2nd ed, London: Sage, 2000.

Hauser, A., 『예술과 사회』, 최성만 외 역, 서울: 한길사, 1983.

Johnson, L. & O'Neill, C., *Dorothy Heathcote: collected writings on education and drama*, Northwestern University Press: Evanston, 1984.

McNiff, J., *Action Research: Principles and Practice*, London: Routledge, 1988.

Neelands, J., *Stucturing Drama Work: A handbook of available forms in theatre and drama* (1ed.) Cambridge University Press: Cambridge, 1990.

Nicholson, H. (ed.), *Teaching Drama 11-18*, London: Continuum, 2000.

생각이 터지는 교실 드라마

과정드라마로 놀고 느끼며 사유하고 배우기

초판 1쇄 발행 2016년 6월 7일 / **초판 2쇄 발행** 2016년 10월 21일
초판 3쇄 발행 2018년 3월 16일 / **초판 4쇄 발행** 2019년 7월 15일
초판 5쇄 발행 2020년 10월 30일 / **초판 6쇄 발행** 2022년 11월 30일

지은이   김주연
펴낸이   박성복
펴낸곳   도서출판 연극과인간
주소   01047 서울특별시 강북구 노해로25길 61
등록   2000년 2월 7일 제6-0480호
전화   (02)912-5000
팩스   (02)900-5036
홈페이지 www.worin.net
전자우편 worinnet@hanmail.net

ⓒ 김주연, 2016

ISBN 978-89-5786-579-8 93680

값은 뒤표지에 있습니다.